# ACCESO GRATIS a la Lectura en la Nube

AF237867

Para visualizar el libro electrónico en la nube de lectura envíe junto a su nombre y apellidos una fotografía del código de barras situado en la contraportada del libro y otra del ticket de compra a la dirección:

**ebooktirant@tirant.com**

En un máximo de 72 horas laborales le enviaremos el código de acceso con sus instrucciones.

© TIRANT LO BLANCH
EDITA: TIRANT LO BLANCH
C/ Artes Gráficas, 14 - 46010 - VALENCIA
TELFS.: 96/361 00 48 - 50
Fax: 96/369 41 51
Email: tlb@tirant.com
www.tirant.com
Librería Virtual: www.tirant.es
DEPOSITO LEGAL: V-3186-2023
ISBN: 978-84-1197-330-4
MAQUETA E IMPRIME: Tink Factoría de Color , S.L.

Si tiene alguna queja o sugerencia, envíenos un mail a: atencioncliente@tirant.com.
En caso de no ser atendida su sugerencia, por favor, lea nuestro procedimiento de quejas en:
www.tirant.net/index.php/empresa/politicas-de-empresa

Responsabilidad Social Corporativa
http://www.tirant.net/Docs/RSCTirant.pdf

# Teories clàssiques i contemporànies de les Relacions Laborals: actors, institucions, conflicte i negociació.

Raúl Payá Castiblanque

# Índex

# Tema 1. Introducció a l'àmbit d'estudi de la sociologia de les relacions laborals

## 1.1. ¿Què és la Sociologia?

**Una primera aproximació**

La Sociologia pot definir-se, per a començar, com **l'estudi sistemàtic (científic) de "la societat humana".**

El seu **objecte** és el nostre propi comportament com a éssers socials en **relació** amb altres persones.

Així, podria afirmar-se que existeixen dos grans enfocaments sociològics:
- Un primer **enfocament asèptic**, que es limita a observar i estudiar el fet social, com si l'aïllara en un laboratori.

- I un segon enfocament **aplicat** que, a més de l'anàlisi de la societat, persegueix la transformació de la mateixa i compta amb un component prescriptiu.

Des de l'últim dels dos, Macionis i Plummer (2007: 4), defineixen la Sociologia com "*una presa de consciència, una manera de pensar i d'entendre d'una forma crítica els fenòmens socials*".

**Una mica més de detall...**

Una **forma d'observació** particular que tracta d'identificar les **relacions entre les conductes de vida de les persones i l'entorn o context que els envolta**. El seu objectiu seria analitzar les interaccions entre l'individu i la seua societat o entre la individualitat i la societat.

Una disciplina l'objecte d'estudi de la qual és "la societat"

Però....¿Què és la societat?
1. És un **grup de persones** que viuen en un territori delimitat i que comparteix trets culturals com la llengua, els valors i les normes bàsiques de comportament.
2. També inclou a les **institucions** (govern, sistema educatiu, etc.) i les relacions entre elles.
3. Les **relacions** entre les persones, grups i institucions constitueixen la seua estructura social bàsica.

¿Societat o societats?
Sens dubte, **SOCIETATS.**

• **Augusto Comte (1798-1857)** va utilitzar el terme **"Sociologia"** (1840) per a referir-se a la nova ciència que establiria unes **lleis per al món social** de la mateixa manera que les ciències naturals explicaven el funcionament del món físic, aplicant el mateix mètode.

• Prèviament, predominava la **"tradició popular"**: coneixements i pràctiques transmeses de generació en generació.

• Va introduir el terme com a equivalent a **"física social"** *(estudi de la vida social de manera positiva a través de l'observació)*.

• Encara que Comte va inventar el vocable, la Sociologia és resultat d'un moviment general i nou orientat a l'estudi de la vida social de **manera positiva** a través de l'observació: *"el mètode científic"*.

**La Sociologia i altres disciplines socials**

• FILOSOFIA: mare de la Sociologia.

• HISTÒRIA casos concrets.
• SOCIOLOGIA: principis generals.

• ANTROPOLOGIA SOCIAL: societat primitives; observació participant.
• SOCIOLOGIA: modernitat; anàlisi quantitativa.

• PSICOLOGIA SOCIAL: efecte de les relacions socials sobre l'individu.
• SOCIOLOGIA: cos social en el seu conjunt.

• ECONOMIA: racionalitat econòmica.
• SOCIOLOGIA: actituds socials, sistema de valors.

• DRET: lleis i normes formals.
• SOCIOLOGIA: normes i lleis (formals i informals).

• CIÈNCIA POLÍTICA: Poder públic.
• SOCIOLOGIA: altres formes d'organització i distribució del poder.

## 1.2. Els orígens de la sociologia

• El naixement i consolidació de la Sociologia com a ciència a Europa es produeix en el marc de les **profundes transformacions econòmiques, polítiques i socials del segle XVIII i XIX.**

• Elements importants que determinen les relacions socials:
   • **CENTRALITAT DEL TREBALL**, el fenomen del treball com a ocupació, el treball industrial.
   • **L'empresa com a institució social: Domina en gran manera la vida de l'individu.**

Aspectes claus de la societat moderna:

- Condicions de treball.
- Transformació de la propietat.
- El fenomen urbà i la ciutat industrial
- Tecnologia
- Sistema fabril

### 1- Desenvolupament de les ciències de la naturalesa

A partir del Renaixement es produeix un enorme **desenvolupament de les ciències de la naturalesa**, que desemboca en una nova manera d'aproximar-se a l'estudi del món (física, biologia, etc.), i, en conseqüència, a l'estudi dels nous problemes econòmics, polítics i socials que comencen a sorgir.

### 2- Desenvolupament de les idees democràtiques

Naix en el segle XVIII en el **pla del pensament i passa a la pràctica en la revolució francesa** on s'expandeixen les idees democràtiques, la igualtat entre les persones, i la nació com una cosa formada per totes les persones, en la qual totes tenen dret a participar.

**La revolució francesa** va representar el **canvi social i polític** més important que es va produir a Europa en **caure l'Antic Règim.**

### 3- La Revolució Industrial

3.1) **Des del punt de vista econòmic** va suposar un augment del <u>rendiment del treball i una reducció dels costos de producció</u>, es van desenvolupar els mitjans de transport que van permetre l'intercanvi de mercaderies, es van crear els bancs, les cambres de comerç, etc.

3.2) **Des del punt de vista social**, es van crear les <u>grans ciutats per l'emigració del camp a la ciutat</u>, van augmentar els <u>treballadors industrials</u>, es va aguditzar el <u>conflicte laboral, lluita de classes, desigualtat social,</u> etc.

## 1.3. Els paradigmes sociològics

Un paradigma és un **model explicatiu o patró** que s'utilitza per qualsevol disciplina científica.

Terme introduït per Khun, "**Realitzacions científiques universalment reconegudes** que, durant un cert temps, proporcionen models de problemes i solucions a una comunitat científica" (Kuhn, 1973: 13)

Les **ciències progressen cíclicament** començant amb un paradigma acceptat per la comunitat científica. La ciència avança per la substitució d'uns paradigmes per uns altres.

• La profunda transformació socioeconòmica desencadenada pel procés d'industrialització, és **interpretada i explicada de manera diferent pels tres autors (TRES PARADIGMES) que estudiarem.**

• El procés d'industrialització comporta una sèrie de **canvis econòmics i socials** que tenen un profund impacte en les societats europees.

• Des del punt **de vista de l'economia**, no sols suposa la consolidació del capitalisme com a règim econòmic imperant. **És particularment significatiu l'impacte social.**

• Industrialització: producció a gran escala dins de fàbriques
• L'empresa ocupa un lloc central
• Altres institucions socials, es posen al servei de les organitzacions econòmiques (empreses)
• Importància de la ciutat i la fàbrica
• Centralitat treballe industrial
• Transformacions en l'organització del treball
• Divisió tècnica
• Centralitat de la ciutat

• Proletarització; conseqüència de l'anterior.

| REPRESENTANTS | PARADIGMA | ENFOCAMENT | VISIÓ DE LA SOCIETAT |
|---|---|---|---|
| 3.1. MARX | DEL CONFLICTE | MACRO | Societat composta per grups diferents amb diferents interessos. |
| 3.2. DURKHEIM | FUNCIONALISTA | MACRO | Societat com un tot ordenat i estable, com un cos humà. |
| 3.3. WEBER | DE L'ACCIÓ | MICRO | La societat està composta per individus que interactúen de manera significativa. |

### 1.3.1. KARL MARX (1818-1883)

Tracta d'explicar els canvis socials que estaven ocorrent durant la Revolució Industrial, centrant-se en el **desenvolupament del capitalisme.**

Va identificar **dos elements principals** dintre de les empreses capitalistes: **el capital** (actius siguen diners, empreses, fabriques, etc.) **i el treball assalariat** (format pel conjunt dels treballadors).

### 1) <u>Mercantilització del treball</u>

- Aparició dels mercats de treball: la **mercantilització del treball**

- El **treball passa a convertir-se en un bé més**, com qualsevol altre, que puga intercanviar-se en un mercat.

- **Valor d'ús i valor de canvi**

- Les RRLL segons Marx estan marcades per l'intercanvi que es produeix al contracte de treball:

    - El treballador ven la seua capacitat per treballar (**força de treball**).

    - El capitalisme compra el dret d'ús de la força de treball, però **no compra una quantitat de treball** com a "factor de producció", **sinó el dret d'ús de la força de treball** durant un temps de treball determinat.

    - **Però el treballador (el venedor) manté la capacitat de decisió sobre l'ús de la seua força de treball** durant el procés de producció, cosa que li permet mantindré durant tot el procés de consumació de la mercaderia (**treball efectiu**) una part de la seua força laboral venuda.
- …Això precisament diferencia el mercat de treball de qualsevol altre mercat o mercaderia.

- … **El contracte laboral** no especifica ni el nombre de tasques i operacions, ni la seua qualitat, forma o intensitat, sinó només el tipus de tasques, el lloc del treball, la jornada i el salari.

- La separació entre l'acte de compra-venda de la força de treball i l'acte de consumació/ús d'aquesta, genera una dualitat funcional del capital entre propietat i direcció:
    - La força de treball és inseparable del seu portador (el treballador) i el seu ús depén de la **voluntat subjectiva** del treballador a treballar.
    - El capitalista, que és l'amo de la força de treball, ha de buscar la forma (**control i organització del treball**) d'aconseguir que la força s'utilitze completament per al procés de producció dels béns (**treball efectiu**).
    - Precisament el management consisteix a mobilitzar la força laboral, per convertir el potencial de treball en treball efectiu.

## 2) Divisió del treball

- Fins a la RI, la manufactura de béns es basava en l'existència d'oficis, controlats per gremis:
    - Un mateix individu s'encarregava de tots els processos que comportava la producció d'un ben.
    - Hi havia poca o cap divisió del treball.

- **La RI implica un paper marginal per als oficis**; la parcel·lació de tasques per a produir un bé porta al fet que perda sentit aquesta figura.

- **Dialèctica entre potenciació del treball i fragmentació**, d'una banda, i la **degradació del treballador**, per un altre.

- La divisió del treball a la fàbrica moderna per a Marx no sols és un mecanisme per a millorar la producció (**productivitat**) de béns, sinó que es considera un **mecanisme de control de la classe capitalista** sobre la classe obrera.

- I una **forma de reproducció social del sistema capitalista**.


## 3) Alienació

- Divisió com a potenciació del treball (de la qual només s'aprofita el capitalista).

- Divisió com a **degradació de l'individu treballador**: alienació en els seus quatre vessants:
    - Alienació respecte al producte
    - Alienació respecte a l'activitat productiva
    - Alienació respecte als altres treballadors
    - Alienació de si mateix i les seues capacitats

- Divisió com **a mecanisme de control de classe**.

- De **la subsumpció formal cap a la subsumpció real** (el treballador s'incorpora a un automatisme les lleis de funcionament del qual li són totalment alienes)

- En general, Marx considera que l'home és el subjecte de la producció (transformació de la realitat humana) i aquesta producció l'objecte.

- Previ al capitalisme, l'objecte és apropiat i controlat pel subjecte.

- En el capitalisme s'inverteixen els rols: **el treballador (subjecte) queda alienat pel seu producte (objecte)** A aquest procés el diu alienació; el subjecte perd el control i "es fa serf" de l'objecte; altres persones s'apropien de les energies i del treball creador que l'obrer aboca sobre el producte en el procés de producció.

- Per tant, el **treball passa de ser un mitjà per a la transformació (un producte) a convertir-se en un mitjà per a un fi (salari)**.

- **El treball es converteix en una cosa completament instrumental**, no una forma de realització de la capacitat humana.

- L'activitat "treball", una cosa específicament humana, es converteix en una **necessitat opressiva, aliena i externa**, en la qual l'home només se sent lliure en els seus moments d'oci o amb la seua família.

- Comporta la racionalització econòmica de les relacions socials en el sistema capitalista (**MATERIALISME HISTÒRIC**).

- L'alienació és un **procés sociohistòric de la racionalitat capitalista**, però no necessàriament una constant històrica.

- La societat és un **camp de forces en conflicte** entre capitalistes (propietaris dels mitjans de producció) i treballadors assalariats.

- **Conseqüències:**

  - Els treballadors no desenvolupen capacitats, siguen manuals o mentals. Són particularment preocupants aquestes últimes.

  - Així doncs, el problema fonamental derivat de l'alienació per a Marx és que el treball deixa de ser l'expressió del potencial humà.

### 4) Llei general d'acumulació capitalista

- L'acumulació de riqueses en un pol de la societat burgesa porta a què en l'altre pol s'acumulen la desocupació i la misèria, la qual cosa es manifesta en la depauperació relativa i a vegades, en la depauperació absoluta del proletariat.

- Aquest és un resultat inevitable de l'increment de la productivitat del treball en el règim capitalista (**PLUSVÀLUA**).

- **En augmentar aquesta productivitat, una massa relativament menor de treball viu acciona una quantitat cada vegada major de mitjans de producció.**

- Com el rendiment del treball i la composició orgànica del capital creixen més ràpidament que la massa de població ocupada en la producció, la producció capitalista, encara que eleva la demanda de força de treball en xifres absolutes la necessita cada vegada en menor quantitat en un sentit relatiu i, per tant, **fa augmentar la desocupació.**

- Amb el seu treball, el **proletariat acreix el capital, i com més elevat és el grau d'explotació, tant major és el nombre d'obrers que són expulsats de les empreses.**

### 5) Socialització (creació d'un subjecte col·lectiu)

- La subsunció del treballador en el procés de producció i la divisió del treball donen peu al **desenvolupament d'una certa solidaritat.**

- Paradoxa: la **divisió tècnica permet la creació d'un subjecte col·lectiu**.

- Aquest és el treballador-conjunt, conscient del seu caràcter social.

- La dialèctica entre la socialització del procés de la producció i la formació d'un col·lectiu conscient.

- Per a Marx, la gran indústria és revolucionària ja que crea un nou subjecte col·lectiu, però és necessari que aquest subjecte col·lectiu o col·lectivitzat per la gran indústria **siga conscient d'aquesta capacitat.**

## Dialèctica Marxista

- La realitat social és una realitat conflictiva a causa de la contraposició d'interessos materials incompatibles.

- Manifest comunista (1848): "tota la història de la humanitat és la història de la lluita de classes"

- **La confrontació entre classes socials és el motor del canvi social històric.**

- Les relacions laborals comprenen un conflicte inherent entre treballador i empresari: la defensa de l'autonomia i del control del treballador sobre la seua força laboral, xoquen amb l'interés de la màxima utilització i apropiació de la mà d'obra comprada per l'empresari.

**Comunisme:** sistema productiu més humà i igualitari, que reforçara els llaços socials en lloc de neutralitzar-los. «De cadascun segons la seua capacitat, a cadascun segons la seua necessitat» (Marx (1972[1845]: 388

**¿Per què no s'ha donat (de forma generalitzada) una revolució Marxista? (Dahrendorf, 1959):**
1. La **fragmentació de la classe capitalista**: Societats Anònimes i la classe directiva.
2. El treball d'oficina i un nivell de vida en alça: **sorgiment de les classes mitjanes**.
3. **Organitzacions sindicals (moderades)** més poderoses.
4. **Expansió de les polítiques de protecció social**: sorgiment dels Estats de benestar com a "Tercera via".

## 1.3.2 ÉMILE DURKHEIM 1858-1917

- Igual que Marx, Durkheim intenta entendre la **realitat canviant que li envolta i el canvi social (MACRO).**

- Per a fer-ho, el primer que fa és identificar **quin és el canvi més important** en el pas de societats tradicionals a societats modernes.

- Aquest es dona en les **formes d'interacció i identitat entre individus.**

- S'ha d'estudiar la vida social amb la mateixa objectivitat amb què els científics s'ocupen de la natura. **Estudiar els fets socials com si foren coses. Mètode científic (POSITIVISME).**

- Les **institucions socials posseeixen una realitat objectiva**, es poden estudiar com les marees o els terratrémols.

**Objecte d'estudi: el <u>FET SOCIAL </u>** (institucions i normes d'actuació que delimiten i canalitzen el comportament). Per exemple, el sistema monetari. **Existeix independentment de l'individu i determina les seues decisions.**

1) <u>La Divisió del Treball Social</u>

- **Dues fonts de la vida social:**

    - **Similitud de Consciències**; més evident en societats primitives premodernes sense diferenciació.

    - **Divisió del treball**; pròpia de societats avançades en les quals existeix un major grau de densitat dinàmica.

- **La divisió del treball en la societat és un <u>FET SOCIAL MATERIAL </u>** que indica el grau en què les tasques s'han especialitzat.

- **Basada en regles jurídiques** que defineixen la naturalesa i les relacions de les funcions.

- En el seu llibre 'La Divisió del treball', Durkheim identifica **dues formes de solidaritat:**

    - **Solidaritat mecànica:** ocasionada per una comunitat de representacions que donen lloc a <u>lleis repressives </u>que imposen als individus <u>creences i pràctiques uniformes.</u>

- **Solidaritat orgànica**: ocasionada per la divisió del treball social, es basa en la <u>interdependència entre els individus</u> i els grups que actuen cooperativament. Basada en <u>lleis restitutivas.</u>

- **Solidaritat mecànica:**

  - Es dona en societats primitives en les quals **no existeix una excessiva divisió del treball.**

  - Aquestes societats són relativament homogènies; homes i dones realitzen activitats similars i les experiències vitals són semblants.

  - Les normes i valors en la societat (**consciència col·lectiva**) són tan homogenis i forts, que l'individu tenen poca oportunitat de desviar-se d'elles: el col·lectiu / comunitari prima sobre l'individual.

- **Solidaritat orgànica**:

- Es desenvolupa com un **subproducte de la divisió del treball.**

- Segons la societat es torna més complexa, **els individus s'especialitzen** i tenen menys en comú (**individualisme**).

- Encara que els individus tenen menys en comú, **depenen més dels altres** per a la seua supervivència.

- Es perd el sentit de comunitat i els valors comuns (**consciència col·lectiva**) **és menys important**.

## 2) <u>El paper del Dret</u>

- Durkheim concep el dret com un **fet social material** que reflecteix la naturalesa dels fets socials immaterials i els seus canvis.

- El **dret té una característica diferent en les societats caracteritzades per la solidaritat mecànica i orgànica:**

  - **Mecànica:** <u>dret repressiu</u>, perquè totes les persones comparteixen una mateixa moralitat i valors; un atac contra aquests s'interpreta com un atac contra la comunitat.

  - **Orgànica:** <u>dret restitutiu</u>, perquè el que es demana als individus és que complisquen la llei i restituïsquen (compensen) a les persones que resulten afectades.

## 3) Anòmia

- Durkheim concep la societat moderna / industrial com un **organisme en el qual existeix harmonia,** basada en una moralitat comuna.

- No obstant això, creu que **el conflicte és possible, i que és generat per l'afebliment de la moralitat comuna.**

- El **conflicte és una patologia temporal**, no és una característica intrínseca de la societat.

- **El pas de societats basades en la solidaritat mecànica a solidaritat orgànica provoca anomia**; l'especialització substitueix a la moralitat comuna com a mecanisme integrador, però és possible que en alguns moments els individus no perceben adequadament els vincles amb altres individus.

- Durk caracteritza l'individu anòmic com **algú insuficientment integrat en la societat.**

- Els individus s'enfronten a l'anòmia quan **no saben quina és una conducta apropiada i acceptable** i quina no ho és.

- A causa del pas d'una solidaritat mecànica a una orgànica, **l'individu no té un marc de referència clar per a la seua acció** (es trenca la regulació social de l'activitat individual).

- **La manca d'aquest marc d'acció moral provoca conflicte, agitació i infelicitat.**

- El desordre / conflicte és fruit d'anòmia perquè **hi ha absència de reglamentació social**; quan es dona anòmia, **la societat es desintegra** i l'individu queda a la deriva.

## 4) Desintegració Social

- Les crisis anòmiques sorgeixen pel canvi en l'organització productiva que trau a l'individu del seu ordre tradicional.

- Aquesta és la base de la conflictivitat laboral.

- Per a evitar els efectes desintegradors d'aquestes crisis, **és necessària una regulació jurídica i moral de la vida econòmica.**

- Com a solució per a remeiar la patologia temporal de conflicte, Durkheim planteja la necessitat d'agrupar treballadors i empresaris en **estructures integradores (corporacions o grups professionals).**

- **Les organitzacions de classe no poden complir la funció integradora i generadora de solidaritat.**

- Pensava que el conflicte es devia al fet que els diferents tipus de persones implicades **mancaven d'una moralitat comuna a causa de la falta d'estructures integradores.**

- El problema de **les relacions laborals** consisteix en la **necessitat de generar solidaritat** (conscienciació d'interdependència) a l'interior de les organitzacions.

- En l'àmbit social la solidaritat orgànica és l'única que ofereix un mecanisme factible d'integració.

- Dins **de l'empresa són necessàries les dues formes de solidaritat.**

## 1.3.3. MAX WEBER 1864-1920

**La racionalització de la societat**

- Weber considerava que la sociologia havia de centrar-se en **l'acció social**, els actes subjectivament significatius de les persones que estan orientats a altres persones. **(MICRO)**

- La labor de la sociologia és comprendre el significat subjacent de tots aquests actes individuals.

- Entén que la sociologia ha de ser comprensiva, ha d'ocupar-se d'explicar **les accions socials** endinsant-se en el coneixement dels motius que porten a les persones a actuar d'una manera determinada.

- Per a Weber **les idees** (especialment les creences i els valors) tenen un poder de transformació.

Dues preocupacions fonamentals de l'autor:

1) **L'origen del capitalisme**

- Weber sostenia que el capitalisme industrial era el fruit del calvinisme (moviment religiós cristià produït per la Reforma Protestant).

- Els calvinistes enfocaven la vida d'una manera molt **disciplinada i racional**.

- Predisposició divina: **prosperitat o l'èxit** en aquest món com un signe de la gràcia divina. Els calvinistes es llançaven a la cerca de l'èxit, aplicant la **RACIONALITAT, LA DISCIPLINA I EL DUR TREBALL** en les seues tasques.

- A mesura que **reinvertien els productes** del seu treball per a aconseguir majors beneficis, els calvinistes anaven construint els fonaments del capitalisme.

### 2) Essència del capitalisme

- La reificació, alienació i subordinació que Marx considera conseqüència de la **divisió del treball** en el sistema capitalista, **per a Weber és un procés de racionalització.**

- **La racionalització** és un procés sociohistòric dirigit a augmentar la **CALCULABILITAT I PREDICTIBILITAT** de tots els processos socials mitjançant el càlcul numèric.

- Racionalització com a procés occidental per a augmentar **la controlabilitat de la societat.**

### 1) Acció Social
- El que caracteritza a les societats modernes és una transició en les motivacions del comportament humà (acció social):
  - Racionalitat tradicional: costums, ritus.
  - Racionalitat afectiva: emocions.
  - Racionalitat conformement a valors: creences i valors.
  - Racionalitat conformement a fins: instrumental.

- **LA RACIONALITAT CONFORMEMENT A FINS domina l'activitat humana en les societats modernes**, en les quals l'acció tradicional, afectiva o conformement a valors és cada vegada menys important.

- L'acció social segueix unes **regles, lleis i normes generals, objectives i institucionalitzades en l'empresa capitalista, en la burocràcia administrativa i en el dret formal.**

- Queda reduït el marge per a l'acció social individual.

### 2) Capitalisme i Racionalitat
- El capitalisme es basa en un comportament fonamentalment racional, conformement a fins.

- La societat capitalista desenvolupa estructures organitzatives racionals que penetren totes les esferes de la vida social.

- La gran fàbrica, juntament amb l'administració de l'Estat representen prototips d'aquesta racionalitat moderna.

### 3) Poder i Autoritat

**¿Com s'estén el procés de racionalització?**

- Per mitjà <u>d'estructures de dominació</u> en les quals existeixen noves formes d'autoritat.

- **Poder:** <u>capacitat d'imposar</u> una voluntat en una relació social.
- **Autoritat**: poder considerat legítim.

- **Tipus d'autoritat:**
    - Tradicional: Les coses sempre s'han fet sempre així.
    - Carismàtica: Seguir un líder amb qualitats extraordinàries.
    - **Legal-racional: lleis que regulen la vida comuna.**

- A través del **procés de racionalització, tècniques aplicades en el procés de producció** (divisió del treball etc.), s'expandeixen a la resta d'accions socials.

- El focus d'atenció és la relació entre mitjans i fins.

- Aquesta relació es regeix per regles i lleis universals.

- És **dins de <u>l'organització burocràtica</u> on es dona més clarament aquesta relació.**

### 4) El Tipo Ideal

- **Instrument heurístic** utilitzat per Weber que li permet explicar un fenomen o una pauta d'acció.

- És el *context* qui dona significat a aquesta acció.

- Conjunt d'elements que expliquen que probablement **les persones actuaven d'una manera determinada** pel context.

- Exemples de tipus ideals: Estat, **<u>burocràcia</u>**, Capitalisme.

### 5) Burocràcia Industrial

- **La racionalitat econòmica del capitalisme genera una forma d'institucionalització que denominen burocràcia.**

- Burocràcia com a estructura racional es manifesta en l'Estat modern (**esfera política**) i en l'empresa (**esfera econòmica**).

- La **coordinació burocràtica de l'acció humana** és l'aspecte distintiu de les estructures socials modernes.

- **Característiques del tipus ideal de burocràcia:**
  - Jerarquia d'Autoritat
  - Poca personalització.
  - Regles escrites de conducta: llei
  - Promoció basada en mèrits.
  - Divisió especialitzada del treball.
  - Eficiència.

- Els efectes de la racionalització i, per tant, de l'organització burocràtica són la consolidació d'una mena d'autoritat legal-racional que reemplaçarà l'autoritat tradicional i carismàtica.

- La burocràcia tendeix a **generar oligarquia** (govern d'uns pocs en el cim de l'organització).

- L'oligarquia burocràtica encara que és més eficient, **genera uns efectes deshumanitzador** en els individus (representada no per un cap sinó per un especialista professional que supervisa l'ordre formal sense cap mena d'emoció o sensibilitat).

- Així doncs, en el llarg termini l'oligarquia no sols redueix la llibertat individual, sinó que **dinamita la democràcia** «dictadura del funcionariat» «uniformitat de l'obediència per part d'una multiplicitat d'homes».

- **Desencantament de la societat**: els llaços sentimentals amb el passat s'han substituït per la ciència, la tecnologia i la burocràcia. La racionalitat empresona a l'individu en una **GÀBIA DE FERRO.**

- Weber va pronosticar la **irreparabilitat del desenvolupament burocràtic**... i temia les **conseqüències per a la llibertat individual.**

- Atés que les organitzacions són instruments de poder, els individus aspiren a controlar-les i a envoltar-se d'altres individus lleials. **L'universalisme racional-legal de la burocràcia és el millor antídot contra el particularisme en l'organització.** El desenvolupament de l'organització burocràtica ha consistit en part en **un intent d'eliminar els particularismes** (nepotisme, favoritisme) en les organitzacions.

- **També ha afavorit una producció de béns** i serveis més econòmica en posar l'etiqueta de propietat de l'empresa sobre les destreses, experiència i creativitat de l'empleat (divisió de tasques): C.Perrow: el desenvolupament de la industrialització ha fet que siga aquest la manera més eficient d'aconseguir que es faça el treball rutinari de la societat.

## 6. Burocràcia vs Democràcia

- És freqüent considerar un trade-off entre aquests dos termes: una major burocratització limita l'autonomia individual i la capacitat d'intervindre en la vida col·lectiva (R.Michels – llei de ferro de l'oligarquia; inevitabilitat intrínseca de l'antidemocratització de tot cos burocràtic).

- No obstant això, Beetham considera que tots dos es necessiten; la democràcia fins a un cert punt necessita la burocràcia.

# Tema 2. Conceptes i enfocaments teòrics sobre les relacions laborals

## 2.1. Les Relacions Laborals

¿A quins processos d'interaccions socials, econòmics i polítics ens referim sota el terme de RRLL? Una DEFINICIÓ:

"Les RRLL són **les normes** que regulen la vida social en l'empresa i el conjunt **d'intercanvis pràctics** entre actors relacionats amb el món de l'ocupació".

Les RRLL tenen una **doble dimensió**: institucional i actorial.

Atenint-nos a aquesta **DOBLE DIMENSIÓ**, les RRLL són:
1. **L'estructura legal** que regula els intercanvis de treball dins del mercat laboral (forta diversitat de fonts de dret)
2. **El conjunt de formes de negociació formals i informals** entre ocupadors i empleats (amb o sense la participació directa de l'Estat).
3. Es desenvolupen a **diferents nivells**: empresa, sector, territori.

En el context de la globalització, el tradicional marc nacional de RRLL es veu desbordat per les RRLL transnacionals.

Les **normes** han de ser enteses com a **principis organitzadors**, que poden ser d'ordre terminant, de prohibició d'uns certs comportaments o guies per a l'acció dels actors.

**Classificació:**

• Segons el **contingut** de la regulació es pot distingir:
   • **Regulació substantiva**: regulació dels salaris, temps de treball, vacances, formes de producció.
   • **Regulació procedimental**: procés per a l'elecció del sindicat més representatiu amb legitimitat per a negociar un conveni col·lectiu.

• Segons **les fonts** de normalització social:
   • **Intervenció estatal** a través de lleis i reglaments (Exemple. Estatut dels Treballadors, Llei General de la Seguretat Social).
   • **Els actors socials** sobre la base de criteris de representativitat (sindicats i patronals) amb legitimitat i autonomia estableixen acords mitjançant la **negociació col·lectiva.**
   • **"La regulació comunitària" o "usos i costums"** són normes de caràcter informal que deriven de determinades creences i valors que predominen

en la societat civil i poden influir en el desenvolupament de la legislació i la negociació col·lectiva.

- La **concertació social** consisteix en trobades regulars entre patronals, sindicats i govern en els quals es debaten temes socials i econòmics (legislació laboral, fiscalitat, seguretat social, polítiques d'ocupació, fins i tot, temes com el sistema de salut, educació, habitatge, etc. ).
  - La concertació social comporta:

  - **El tripartisme**: mecanisme específic pel qual es du a terme la concertació social.

  - **El diàleg social** es produeix quan participen més de tres actors com per exemple ONG, moviments socials, altres partits polítics). El diàleg social és més ampli, però cerca els mateixos fins de crear consensos socials sobre determinades polítiques públiques.

  - **El corporativisme** és la forma en què s'organitza la societat que es basa en la concertació social. Les societats actuals són corporativistes si hi ha una pràctica de concertació social fortament consolidada, el que implica necessàriament disposar de sòlides organitzacions sindicals i patronals, i una activitat contínua de negociació entre les parts.

  - Es tracta d'un **intercanvi polític** en el qual, d'una banda, el poder legislatiu adopta una postura democràtica i accepta negociar un repartiment més equitatiu i just, i, d'altra banda, els agents socials, especialment els sindicats, es comprometen a adquirir una posició de cooperació en l'activació de les polítiques socials i econòmiques i assegurar una certa estabilitat social.

Atenent la seua **DOBLE PERSPECTIVA**, les RRLL poden analitzar-se:

Des d'una **PERSPECTIVA ÀMPLIA**:
1. Les RRLL són una **peça de l'entramat polític i productiu** de la societat, responsables de la PRODUCCIÓ D'ORDRE SOCIOECONÒMIC.
2. **Depassen els límits de l'empresa i de la relació exclusivament econòmica entre ocupador i empleat**: ex.: formulació de polítiques públiques amb la participació dels agents socials.

Des d'una **PERSPECTIVA RESTRICTIVA**, les RRLL són els acords que regulen **l'intercanvi autònom entre ocupador i empleats**.
1. En **SENTIT INDIVIDUAL**: com a intercanvi d'interessos individuals (*enfocament de gestió de Recursos Humans*).
2. En **SENTIT COL·LECTIU**: com a representació dels interessos de treballadors i empresaris en la negociació col·lectiva (*enfocament tradicional de RRLL*).

3. Les RRLL tenen un **caràcter essencialment econòmic i CIRCUMSCRIT AL PLA D'EMPRESA.** <u>Es desvinculen de la formulació de polítiques públiques.</u>

**¿Relacions Laborals (RRLL) o Relacions Industrials (RRII)?**

RRLL vs. RRII: petites diferències:

(1) El concepte RRLL *("**labour relations**")* és formulat i més comunament utilitzat en els **països continentals europeus i llatinoamericans.** Es relaciona amb la *perspectiva àmplia de relació laboral.*

(2) El concepte RRII *("**industrial relations**")* procedeix de l'**entorn anglosaxó.** Més vinculat a la *perspectiva restrictiva de relació laboral.*

## 2.2.  L'evolució Històrica de les Relacions Laborals

### 1- Època preindustrial

**La societat industrial redefineix el significat compartit del treball preindustrial i ho TRANSFORMA EN OCUPACIÓ. A través de quatre eixos:**

| Eix | Del treball preindustrial... | ...Cap a l'ocupació industrial |
|---|---|---|
| **CONTRAPARTIDA O REMUNERACIÓ** | **Heterogènia** (*servitud, clientelisme...*) | Retribució **SALARIAL** a canvi de l'activitat laboral. |
| **FUNCIÓ MERCANTIL** | Treball com a conjunt d'activitats domèstiques heterogènies, **d'autoproducció i subsistència.** | Treball com a **MERCADERIA** (venda de força de treball) estàndard, mesurable i intercanviable, genera plusvàlua. |
| **NATURALESA PRODUCTIVA** | En **equilibri** amb altres àrees d'activitat humana (*treballe/oci*). | **Domini de l'esfera econòmica** (treball en l'esfera publica) enfront del treball reproductiu (esfera privada). |
| **DIMENSIÓ PÚBLICA** | Treball individual i privat, **espais** (*públic / privat*) **no diferenciats** | Diferenciació entre vida privada i pública, definida a partir de l'OCUPACIÓ. (**HEGEMONIA DE L'ESFERA PÚBLICA**). |

### 2- 1a Rev. Industrial i naixement de les RRLL

**Bases econòmiques, productives i tecnològiques de la 1a Revolució Industrial:**

1- **Reordenació agrària.** Tancats o *enclosures* -> remodelació del sistema de producció agrària -> concentració de la propietat (racionalitat competitiva).

2- **Acumulació de capital**. Els excedents agraris es destinen a la inversió industrial i de riscos -> consolidació de banca i capitalització borsària
3- **Innovació tecnològica**. Màquina de vapor i noves fonts d'energia i matèries primeres.

**DESAJUSTOS** de la primera fase del procés industrialitzador (1a Rev. Industrial):

(1) El canvi tecnològic i les noves formes d'organització de la producció es produeix de forma accelerada i desordenada: **marc social del treball desregulat.**
(2) **Perviuen paràmetres de relació preindustrials:** no contractualització, no salarització del treball.

**NAIXEMENT TRAUMÀTIC** de les RRLL al món industrial.

| Característiques de les RRLL en la 1a Rev. Industrial (trets preindustrials) | |
| --- | --- |
| 1- LÒGICA DE DEPENDÈNCIA | Entre empresari i treballador. **Forta jerarquització.** |
| 2- MANCA DE DRETS DELS TREBALLADORS | **Inexistència d'un marc regulador estatal.** Treball sotmés a la discrecionalitat de l'empresari. |
| 3, RELACIÓ LABORAL ESTABLIDA INDIVIDUALMENT | **Pervivència de vincles preindustrials** (*gremis, famílies, clienteles*). *Sindicats d'ofici vinculats als gremis* |
| 4- VOLUNTARISME I PATERNALISME | **Voluntarisme:** No-intervenció estatal / institucional en la regulació del treball. El benestar del treballador depén de la bona voluntat de l'ocupador: *habitatges, centres educatius, serveis sanitaris, en absència de provisió pública.* |

La Revolució Industrial engendra un creixent qüestionament de l'ordre social industrial.

**QÜESTIÓ SOCIAL**: **debat per la distribució dels excedents** que genera el sistema productiu capitalista (*Revolucions de 1848: Manifest Comunista*).

Ajuda que els treballadors industrials **ADQUIREIXEN IDENTITAT COL·LECTIVA** (consciència de classe) i s'articulen com a moviment sociopolític en sindicats.

**Tres processos** expliquen l'aparició del model de RRLL INDUSTRIAL:

| Processos clau en l'aparició de les RRLL industrials | |
|---|---|
| 1-MERCANTILITZACIÓ DEL TREBALL | Treballador i treball es converteixen en mercaderies simples subjectes a intercanvi comercial. **Saturació de l'oferta i increment del poder de l'empresari.** |
| 2- LÒGICA DE MERCAT LLIURE | Determina les condicions laborals i de contractació. <u>L'Estat s'inhibeix i reprimeix les protestes obreres</u> (**ludisme**). Actua en defensa dels interessos empresarials (*laissez faire vs. barreres aranzelàries*). **TENSIÓ CREIXENT.** |
| 3-TRANSFORMACIONS PRODUCTIVES I CANVI SOCIAL | Constitueixen el "brou de cultiu" en el qual es produeix l'enfrontament de classes: **POLARITZACIÓ SOCIAL.** (conflicte econòmic primer i després polític: **cartisme** al Regne Unit). |

- **Ludisme** (1811-1816): "negociació col·lectiva per disturbi" (Hobsbawm).
  - L'objectiu no eren les màquines, només una estrategia laboral

- **Cartisme** (1838-1848). Moviment a favor d'una reforma política, electoral i social:

    1- Sufragi universal masculí (als homes majors de 21 anys i sense antecedents penals).
    2- Vot secret.
    3- Sou anual per als diputats que possibilitara als treballadors l'exercici de la política.
    4- Eleccions anuals al parlament que, encara que poguera generar inestabilitat, evitaria el suborn.
    5- La participació dels obrers en el Parlament mitjançant l'abolició del requisit de propietat per a assistir a aquest.
    6- Establiment de circumscripcions iguals, que asseguraren la mateixa representació al mateix nombre de votants. abolició del requisit de propietat

## 3-2a Rev. Industrial i consolidació dels actors col·lectius

En resposta a la CREIXENT ORGANITZACIÓ OBRERA i a l'efervescència de la Qüestió Social: **programes revolucionaris de subversió de l'ordre socioeconòmic capitalista.**

| RRLL a la 2ª Revolució Industrial | |
| --- | --- |
| **1- L'ESTAT INTERVÉ** | 1-Comença a regular i **institucionalitza** un marc legal per a les RRLL.<br>2-Ja en el s. XX -> **L'Estat de Benestar** com a mecanisme de redistribució de la riquesa i avanços legals. |
| **2-L'EMPRESARIAT S'ORGANITZA COL·LECTIVAMENT** | **Com a associacions d'ocupadors.**<br>Abans només com a associacions comercials:<br>Cambres i lobbies (influència econòmica).<br>Ocupadors vs. Emprededores |
| **3-APAREIXEN ELS PARTITS OBRERS I PERDEN RADICALITAT** | El Laborisme anglés (1900) altera el tradicional repartiment de poder entre partits burgesos, Tories i Whigs. Consolidació de la socialdemocràcia (segle XX). |

La professionalització de la gestió (racionalitat en l'organització del treball): necessitat de **COMPTAR AMB INTERLOCUTORS COL·LECTIUS**

Les RRLL es consoliden com a procés organitzat i col·lectiu de determinació de les condicions laborals...en un **NOU CONTEXT:**

1- El nou treballador industrial, desqualificat, automatitzat, supervisat, sense autonomia i alienat. ÉS UNIFORME. Tots els treballadors són iguals
   a. ( **NORMA SOCIAL D'OCUPACIÓ ESTÀNDARD)**

2- L'homogeneïtzació de la massa laboral facilita l'organització col·lectiva del treball: **primers sindicats de classe**

**PÈRDUA DE RADICALITAT** del moviment obrer:

(1) **Incorporació dels interessos de classe** al sistema polític burgés: corrent socialdemòcrata (Laborisme al Regne Unit).

(2) **Desenvolupament de l'Estat de Benestar:** pal·liatiu de la desigualtat i de redistribució de la riquesa.

(3) **Funcionalitat del moviment obrer organitzat:** disciplina el treballador i és el responsable de la contenció del desordre. **Mecanismes per canalitzar el conflicte no revolucionari: vaga econòmica.**

**EN CONCLUSIÓ:**

Les relacions laborals, tal com les coneixem actualment es consoliden en l'anomenada edat d'or del **"capitalisme organitzat"** que s'estenen des de 1945 després de la Segona Guerra Mundial aconseguint el màxim desenvolupament en els anys setanta on derivat d'una crisi econòmica comença a erosionar-se: **Capitalisme financer.**

El **capitalisme organitzat** pot ser explicat per tres grans lògiques socials:
1. Sistema Econòmic keynesià.
2. Sistema de producció fordista i el taylorisme.

3. Sistemes de relacions laborals corporativistes.

## 4-3a Etapa: Cap a les RRLL postindustrials. Tendències de desorganització

1- A partir dels anys 70" les TIC introdueixen un **canvi tecnològic i productiu:** altera l'organització del treball, individualitzant-lo i atomitzant la seua dimensió col·lectiva.

  ✓ La "**fi de la classe obrera i del treball mateix**" (Touraine,1969; Gorz 1982; Offe, 1985; Rifkin, 1996).

2- L'entrada en **crisi de l'ocupació** com a "cola" de l'ordre sieconòmic de la societat industrial afecta als acords redistributius i de benestar **(alternativa neoliberal).**

Les RRLL industrials comencen a transitar cap a un **NOU MODEL POSTINDUSTRIAL.** Aquesta transformació es recolza en **tres processos:**

  (1) Aparició de **NOVES FORMES D'ORGANITZACIÓ DEL TREBALL POSTFORDISTES:**
    a. **Provoquen la reaparició del treballador qualificat, autoresponsabilitzat i capaç de pensar el procés productiu.**
      i. JIT, Toyotisme, Producció Reflexiva.
    b. **Fragmenten el treball com a procés col·lectiu.**
      i. Les TIC afavoreixen el teletreball i aquest buida el lloc de treball com a espai de socialització (erosió d'interaccions i solidaritats ). Treball com a procés i experiència creixentment individual.

  (2) Els tipus de **TREBALL I DE TREBALLADOR SE SEGMENTEN:** El col·lectiu laboral es torna més **heterogeni** en competències, en rendiments, en valor percebut per l'organització.
      i. El treballador desqualificat fordista tendeix a desaparéixer.

    b. **La compartimentació interna dels mercats laborals s'engrandeix.**
      i. Dualització entre treballadors "*insider*" i "*outsider*" es consolida com a característica institucional del mercat de treball.

    c. **Treballadors diferents i interessos que ja no són homogenis.**
      i. S'esvaeixen els vincles que van sustentar l'organització col·lectiva dels treballadors en sindicats de classe:-> *Nova lògica competitiva entre treballadors.*

  (3) Els **actors col·lectius PERDEN PROTAGONISME A LES RRLL:**
    a. **Els sindicats** (*també les organitzacions empresarials*) **entren en crisi.**
      i. Perden afiliació i capacitat cohesiva. Centrats a defensar els interessos del model de treballador "insider" tradicional, però ¿Qui representa als aturats o als "outsider"?

    b. **Noves organitzacions de representació d'interessos específiques.**

    i. *Sindicats professionals i competència entre col·lectius laborals.*

**c. Es trenquen els equilibris dels marcs nacionals de RRLL.**
    i. Els actors col·lectius PERDEN PROTAGONISME A LES RRLL:
    ii. Els sindicats (també les organitzacions empresarials) entren en crisi.
    iii. Perden afiliació i capacitat cohesiva. Centrats a defensar els interessos del model de treballador "insider" tradicional, però ¿Qui representa als aturats o als "outsider"?
    iv. Noves organitzacions de representació d'interessos específiques.
    v. Sindicats professionals i competència entre col·lectius laborals.
    vi. Es trenquen els equilibris dels marcs nacionals de RRLL.

**Resum**

| PREINDUSTRIAL | I REV. INDUSTRIAL | II REV. INDUSTRIAL | POSTINDUSTRIAL |
|---|---|---|---|
| Relació d'ocupació individualitzada | Relació laboral individualitzada | Relacions laborals col·lectives | Re-individualització |
| Sense actors organitzats | Sense actors organitzats | Amb actors organitzats | Desorganització dels actors |
| Relació social ocupador / empleat<br><br>Clientelar / Familiar | Relació social ocupador / empleat<br><br>Segons mercat extern | Relació social ocupador / empleat<br><br>Segons mercat intern | Lògica de relació social ocupador/empleat Dualitzada |
| Inexistència de regulació | Intervenció punitiva de l'Estat | Relacions laborals regulades | Tendències de desregulació |
| Heterogeneïtat dels treballadors | Tendències d'homogeneïtzació | Homogeneïtat dels treballadors | Creixent heterogeneïtat dels treballadors |
| Provisió privada de benestar | Provisió privada de benestar | Provisió pública de benestar | Provisió pública de benestar (privatització de serveis) |

## LECTURA 5.1. LES FACTORY ACTS. PRIMERES REGULACIONS DE LA JORNADA LABORAL AL REGNE UNIT

Durant el procés d'industrialització que va tindre lloc a Anglaterra en la primera meitat del segle XIX es va produir la transició des d'un sistema de producció basat en el treball domèstic ('putting-out system') a un altre sistema on el treball es desenvolupa a les fàbriques (sistema fabril). La indústria tèxtil del cotó va ser la que va iniciar el camí. Els empresaris i els treballadors, així com els polítics i economistes de l'època van veure que el treball a les fàbriques, sent ja important en el seu temps, tindria una major importància en el futur. De fet, en la segona meitat del segle XIX el sistema fabril s'havia estés a la majoria de les branques de la indústria manufacturera.

La generalització del sistema fabril va suposar una modificació profunda en les condicions de treball d'una part cada vegada més important de treballadors. Sense entrar en una comparació detallada de la nova disciplina fabril amb els antics mètodes de treball, cal destacar la duresa en la qual es desenvolupaven els treballadors de les primeres instal·lacions fabrils: jornades de treball extremadament llargues, condicions insalubres i inseguretat en els llocs de treball, sistemes repressius contra la impuntualitat i desobediència dels treballadors, etc.

Les dures condicions de treball juntament amb l'ocupació a gran escala de xiquets a les fàbriques (fonamentalment xiquets pobres procedents dels asils, però també xiquets que vivien a les seues cases amb els seus pares o tutors) van provocar una resposta crítica des de diferents àmbits. Tot això va donar lloc a un moviment per a regular l'ús dels xiquets i de les dones, per a limitar les hores de treball i per a garantir condicions saludables i segures en els llocs de treball.

Ja al començament del segle XIX es van començar a aprovar a Anglaterra lleis que regulaven el treball a les fàbriques (Factory Acts). Les primeres d'aquestes Lleis de Fàbriques estaven dirigides fonamentalment a limitar el treball dels xiquets. Així en 1802 es va aprovar la Llei per a la Millor Conservació de la Salut i de la Moral dels Aprenents, que limitava l'ús dels xiquets a dotze hores diàries. En 1819 la Segona Llei de Fàbriques (Llei Reguladora de les Fàbriques de Cotó o Llei Peel) va prohibir l'ús dels menors de 9 anys.

No obstant això, no va ser fins a la dècada dels trenta del segle XIX quan es va iniciar el debat sobre la jornada de deu hores de treball com a màxim tolerable. Aquest debat, centrat en els seus inicis en la reducció a deu hores de la jornada de treball per als xiquets i per a les dones, es va prolongar durant anys i en ell van participar els principals economistes i polítics britànics de l'època.

Després de diversos intents d'incloure una clàusula sobre la jornada de deu hores en les successives Lleis de Fàbriques que es van anar aprovant durant les dècades dels anys trenta i quaranta, es va introduir finalment la clàusula en la Llei de Fàbriques de 1847. Amb aquesta llei la limitació de la jornada a deu hores solament va afectar els homes menors de díhuit anys i a les dones de qualsevol edat. La següent Llei de Fàbriques de 1850 va augmentar, no obstant això, la jornada de treball per a tots dos col·lectius fins a deu hores i mitja al dia. No va ser fins a la Llei de Fàbriques de 1874 quan es va establir específicament per a totes les classes de treballadors una jornada de treball de deu hores com a màxim.

En general, pot dir-se que els economistes clàssics es van mostrar favorables a la regulació del treball dels xiquets i van desaprovar les regulacions que afectaven el treball dels adults. Quant a la qüestió de la reducció de la jornada laboral els clàssics van analitzar el tema secundant-se en dos elements teòrics: la teoria del fons de salaris i el model Ricardià de creixement a llarg termini. Des d'aquesta doble perspectiva es van oposar a la limitació de les hores de treball i no van considerar la mesura com una cosa socialment beneficiosa. Això no vol dir que tots ells es mostraren unànimes en el rebuig d'aquesta. Les actituds van variar entre el rebuig rotund de William Senior i Robert Torrens i l'acceptació amb excepcions de John Stuart Mill.

L'actitud de Robert Torrens va passar del suport al Projecte de Deu Hores quan aquest es va debatre en el Parlament anglés en 1833 a una oposició rotunda quan la clàusula de deu hores es va intentar introduir en la Llei de Fàbriques de 1844. En el primer moment va manifestar el seu acord amb la teoria del fons de salaris, la reducció de la jornada laboral tindria dues conseqüències immediates. La primera, l'augment del cost del treball per als empresaris; i la segona, l'aparició de desocupació encoberta.

Evidentment, si la despesa total en mà d'obra és una constant i si la força de treball (nombre de treballadors) està donada, el salari per treballador continuarà sent el mateix d'abans, ja que el salari per persona ocupada s'obté dividint totes dues magnituds. No obstant això, el cost de l'hora de treball és fa major perquè cada individu treballa menys hores. I en la mesura en què hi ha individus disposats a treballar més hores que les permeses per la llei, hi haurà oferta de treball insatisfeta. És a dir, desocupació encoberta o legal. Aquestes serien les conseqüències a curt termini. A llarg termini el resultat dependria de l'evolució dels beneficis. I com un augment del cost del treball reduiria els beneficis, l'acumulació de capital es veuria frenada i l'estat estacionari s'aconseguiria abans. En tot cas, els treballadors gaudirien de més oci en l'estat estacionari, encara que el salari obtingut a llarg termini no superara el de subsistència

Rodríguez Caballero, J.C. (2003). *La Economía laboral en el periodo clásico de la historia del pensamiento económico*. Valladolid: Universidad de Valladolid (Facultad de Ciencias Económicas y Empresariales)

## 2.3.  ¿Com funcionen les RRLL?

**Diferents perspectives i tradicions nacionals**

Les RRLL es construeixen a partir d'un intercanvi +/- estructurat entre **actors amb diferents interessos**:
   (1) OCUPADORS i les seues organitzacions de representació col·lectiva (*associacions empresarials*).
   (2) EMPLEATS i les seues organitzacions de representació col·lectiva (*sindicats)*.
   (3) Els PODERS PÚBLICS o ESTAT, amb funcions de regulació i interessos propis com a ocupador.

COLIN CROUCH: **els equilibris de poder i la geometria d'intercanvis** varien entre tradicions nacionals de RRLL i al llarg del temps.

**Estabilitat vs. conflicte d'interessos**

**QUATRE PERSPECTIVES ANALÍTIQUES** per a explicar la naturalesa de les RRLL i dels seus intercanvis:

   (1) **Perspectiva FUNCIONALISTA.** El conflicte entre els actors a les RRLL és un element exogen i disfuncional.

   (2) **Perspectiva NEOMARXISTA.** Les RRLL com a expressió de conflicte estructural d'interessos per la distribució econòmica -> irresoluble.

   (3)  **Perspectiva PLURALISTA.** El conflicte com a realitat inherent a les RRLL canalitzable a través de la negociació col·lectiva. Les RRLL a UK.

   (4) **Perspectiva CORPORATIVISTA.** L'Estat com a moderador del conflicte i generador de consens. Les RRLL a Europa Continental.

### 2.3.1. Funcionalisme.

## 1-El context general. Les RRLL com subsistema social

- *La postguerra (1945 - en endavant): Model social fundat sobre l'aliança del pacte keynesià -> associacions empresarials, l'Estat i les associacions sindicals més reformistes.*
    - Dotar a les institucions de poder per a controlar l'economia en les èpoques de recessió o crisi.
    - El sistema capitalista no tendeix a la plena ocupació.
    - Aposta per la intervenció pública directa en matèria de despesa pública.
    - Permet cobrir la bretxa o dèficit de la demanda agregada.
- Canvis socials: en l'estructura ocupacional de la població; reducció de desigualtats econòmiques extremes (cohesió social); major grau de mobilitat social intergeneracional (mobilitat social ascendent); prosperitat.

- *Auge de les tesis sobre la integració* i aburgesament de la classe treballadora (Goldthorpe i Lockwood, 1963): <u>pèrdua de radicalitat i desmobilització</u> dels moviments sindicals.

## 2-Les RRLL com a subsistema social. Interessos i actors

JOHN T. DUNLOP*: RRLL com un SISTEMA SOCIAL ESTABLE especialitzat en la producció de normes sobre el món del treball

El sistema de RRLL de cada país és **coherent i interdependent amb la resta de subsistemes socials** *(econòmic, polític, formatiu...)*

> ✔ *Cadascun és responsable de generar « **regles** » sobre l'ordre de la societat.*

*\*"Les RRLL són el complex d'interaccions socials entre*

*empresaris, treballadors i agències de l'Estat"*

### TRIANGLE D'ACTORS DE LES RRLL

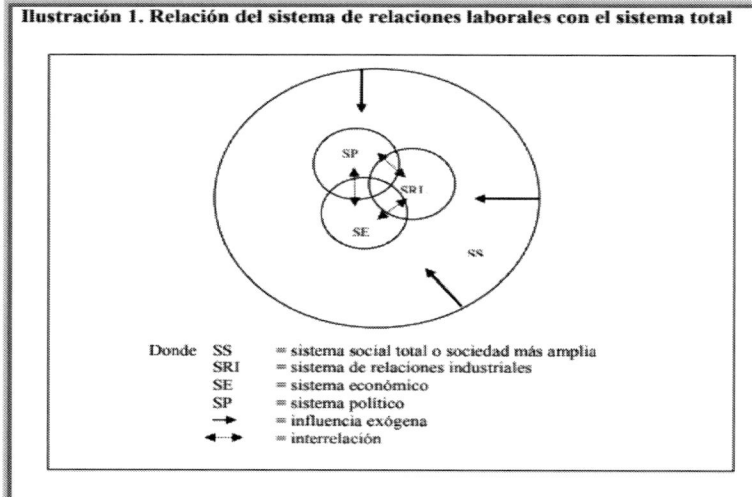

Ilustración 1. Relación del sistema de relaciones laborales con el sistema total

Donde   SS   = sistema social total o sociedad más amplia
        SRI  = sistema de relaciones industriales
        SE   = sistema económico
        SP   = sistema político
        →    = influencia exógena
        ↔    = interrelación

Fuente: Reproducido de Blain y Gennard, 1970: 393.

### 3- Negació del conflicte, l'orde i l'estabilitat

DUNLOP: **CARÀCTER ARMÒNIC de les RRLL**
- ✓ Com qualsevol subsistema social tendeix naturalment cap a l'estabilitat.
- ✓ *Per a què serveix? Per a produir normes.*

**El conflicte és un fenomen distorsionant i superficial.**
- ✓ Emergeix en els processos d'elaboració i d'implementació de normes (*pugna entre actors*).
- ✓ Desapareix quan aquestes S'ACCEPTEN.

La perspectiva funcionalista **no reconeix el caràcter estructural del conflicte a les RRLL.** No hi ha interessos contraposats per la distribució dels beneficis econòmics.

**INTERPRETACIÓ UNITARISTA DE LES RRLL.** Base del discurs de Recursos Humans. (L'Escola de Relacions Humanes d'Elton Mayo)
- ✓ Crear una ideologia o un cos d'idees i creences compartides.

**Existeix una convergència (comunitat) d'interessos estratègics** entre els actors de les RRLL: l'ocupador i els empleats
- ✓ El seu objectiu compartit és MILLORAR L'EFICIÈNCIA DEL PROCÉS PRODUCTIU.
- ✓ A més benefici, les parts obtenen major participació.

**Estat: (només) facilitador d'aquesta convergència** d'interessos
- ✓ Evitar el desbordament del conflicte, com **a variable exògena i disfuncional.**

L'anàlisi de Dunlop és genèric. No s'adscriu a cap exemple concret de desenvolupament històric de RRLL.
- ✓ Això no obstant, té implícit un discurs polític de justificació de l'ordre econòmic capitalista.

### 4- Algunes limitacions i critiques

1. **Atenció privilegiada a les "normes"**: l'objecte d'estudi de les RRLL és massa restrictiu.

2. Concepció estàtica: **els "actors socials" semblen només representar "funcions"** del sistema social.
   - ✓ "L'acció social" està anul·lada. **Les relacions són entre rols i no entre subjectes.** Són relacions sistèmiques més que de relacions socials" (Montes Cató, 2007:8).

3. **Sobrevaloració** de la capacitat **autoreguladora** (Hyman, 1981).

4. Ignora que els empresaris i treballadors no tenen la mateixa posició de partida.
   - ✓ **Les relacions de poder** entre organitzacions empresarials i sindicals són **asimètriques** (Offe i Weisenthal, 1980).

---

### Lectura 2.2. L'HARMONIA A LES RELACIONS LABORALS. LA PERSPECTIVA FUNCIONALISTA

La perspectiva funcionalista de les relacions laborals, amb Dunlop (1958) com a principal exponent del corrent, sorgeix com a resultat del procés social global en la segona postguerra, que dona lloc a un model de societat integrada. El model social de postguerra fundat sobre l'aliança del pacte keynesià entre les associacions empresarials, l'Estat i les associacions sindicals més reformistes, pacte mediat per un discurs argumentat racionalment sobre l'hegemonia econòmica i ideològica dels Estats Units (Dithurbide, 1999).

Aquest període coincideix amb l'auge de la tesi sobre la integració i aburgesament de la classe obrera (Goldthorpe i Lockwood, 1963; Goldthorpe et al., 1967) que, recolzada en els canvis socials que s'estaven produint en la dècada dels cinquanta i seixanta –canvis en l'estructura ocupacional de la població, reducció de les desigualtats econòmiques més extremes i un major grau de mobilitat social intergeneracional-, es presenta «no sols com una crítica sistemàtica de Marx sinó també com una teoria alternativa sobre l'evolució de la classe obrera. [...] una teoria de la progressiva integració de la classe obrera dins de l'estructura institucional del capitalisme» (Goldthorpe et al., 1969: 5).

«D'aquesta manera, la noció marxista de l'aburgesament dels treballadors manuals reapareix: aquest procés és entès ara, no obstant això, no com una irregularitat temporal, ocasionada pel desenvolupament irregular del capitalisme, sinó com una part integral de l'evolució de la societat industrial en la seua fase postcapitalista. Encara més, el que es planteja és un canvi total de la predicció marxista: en lloc de que els empleats assalariats es tornen homogenis en tots els aspectes importants amb el proletariat i s'uneixen a aquests és la seua batalla política, els proletaris es tornen homogenis amb els treballadors de coll blanc i s'uneixen a la classe mitjana» (Goldthorpe et al. 1969: 9, traducció pròpia).

D'aquesta manera, com a resultat de la prosperitat econòmica dels treballadors en les societats capitalistes avançades el conflicte industrial es desradicalitza i despolititza. No obstant això, els resultats dels diversos estudis realitzats per Goldthorpe i els seus col·laboradors no troben una evidència empírica concloent a favor de la tesi de l'aburgesament, en el sentit d'una assimilació dels treballadors manuals i les seues famílies als estils de vida de classe mitjana i a la societat de classe mitjana en general (Goldthorpe i Lockwood, 1996).

*La perspectiva funcionalista*

En aquest context Dunlop (1978) defineix les relacions laborals com el complex d'interrelacions entre empresaris, obrers i organismes del govern i planteja que un sistema de relacions industrials ha de ser considerat com un subsistema analític de la societat industrial en la mateixa esfera lògica que un sistema econòmic. Com es pot observar en la Il·lustració 1 el sistema social plantejat per Dunlop comprén diferents subsistemes: sistema de relacions industrials, sistema econòmic i sistema polític; encara que el sistema de relacions industrials és en gran part autònom se superposa parcialment amb la resta de subsistemes. Dunlop entén que un sistema de relacions industrials és una abstracció, no s'ocupa del comportament total, la seua descripció està limitada a ser una representació.

Respecte als trets substancials de la seua estructura, un sistema de relacions industrials està format per tres actors: treballadors i les seues organitzacions, empresaris i les seues organitzacions, i organismes governamentals. Aquests actors obren en un escenari que comparteix tres tipus de dades. Els trets de l'entorn en un sistema de relacions industrials són determinats pel conjunt de la societat i els altres subsistemes i no són explicatius en el si d'un sistema de relacions industrials; no obstant això, aquests contextos són decisius en la formulació de les regles establides pels actors. Aquests aspectes de l'entorn són: a) la tecnologia, b) els imperatius de mercat o pressupostaris, i c) les relacions de poder en la comunitat general i l'estatus derivat dels actors.

Els actors en contextos donats estableixen regles per al lloc de treball i la comunitat laboral. Aquest entramat de regles consisteix en els procediments per a establir-les, les regles substantives, i els procediments per a decidir la seua aplicació en situacions particulars. L'establiment d'aquests procediments i regles és el centre de l'atenció d'un sistema de relacions industrials. Per tant, Dunlop col·loca les normes i les regles que regulen el centre de treball i la comunitat laboral en el centre de l'anàlisi de les relacions industrials.

**Il·lustració 1. Relació del sistema de relacions laborals amb el sistema total**

SP
SRI
SE
SS

Donde
SS    = sistema social total o sociedad más amplia
SRI  = sistema de relaciones industriales
SE    = sistema económico
SP    = sistema político
→    = influencia exógena
←--► = interrelación

Fuente: Reproducido de Blain y Gennard, 1970: 393.

Fins ara s'ha descrit un sistema de relacions industrials en funció dels actors que obren recíprocament en un context específic i que en el procés formulen un conjunt de regles. No obstant això, es requereix un element més per a completar el sistema analític: una ideologia o grup d'idees i creences compartides pels actors que contribueixen a mantindre unit o a integrar el sistema en forma d'entitat. La ideologia del sistema de relacions industrials és un cos d'idees comunes que defineix el paper i el lloc de cada actor i que defineix les idees de cada actor respecte al càrrec i funció dels altres actors. La ideologia o filosofia d'un sistema estable comporta una congruència o compatibilitat entre aquestes perspectives i la resta del sistema . Per tant, la ideologia exerceix una funció integradora.

Pel que fa al conflicte industrial cal ressaltar que des de la perspectiva funcionalista les diferències de poder i els conflictes d'interessos entre els actors queden fora de l'àmbit de les relacions laborals, situant la problemàtica en l'esfera de la societat en general. Per tant, el poder és una dada proporcionada pel sistema general de la societat; el poder és extern al sistema de relacions laborals. La distribució del poder no la defineixen ni la negociació ni els actors (Martin Artiles, 2003: 39). La funcionalitat del sistema se sosté gràcies al fet que existeix entre els actors un consens de valors, una ideologia comuna, una convergència d'interessos sobre l'objectiu de les relacions laborals: mantindre funcionant el sistema productiu i poder participar en els avantatges econòmics i socials que la societat capitalista produeix (Dithurbide, 1999).

En aquest escenari, les relacions laborals es desenvolupen en un marc harmònic, on el conflicte és definit, com «un símptoma superficial de característiques més fonamentals d'elaboració de regles i administració en un context donat de relacions industrials [...] Un sistema de relacions industrials crea una ideologia o un cos d'idees i creences comunament compartides, relatives a la interacció i papers dels actors, que contribueix a mantindre unit el sistema» (Dunlop, 1978: 351,353). D'aquesta manera, els processos actuen en el sentit de mantindre l'estabilitat i l'equilibri; les diferents institucions i procediments són compatibles i presenten una bona integració i el conflicte s'autoresol (García Calavia, 2005). Però, com planteja Hyman (1978), si el sistema de relacions industrials és tan harmoniós, i si els objectius i valors dels quals formen part d'ell són tan summament concordants, per què es produeixen conflictes industrials? El que ens condueix directament a les limitacions d'aquesta perspectiva per a l'anàlisi del conflicte de treball.

*Limitacions*

Amb caràcter general cal assenyalar dues crítiques principals a l'enfocament funcionalista: en primer lloc, el fet de definir l'objecte d'estudi de les relacions laborals en termes de normes és massa restrictiu; en segon lloc, la concepció tancada del sistema que implica una concepció estàtica del mateix en què només canvien els elements interns.

D'altra banda, seguint a Dithurbide (1999), cal ressaltar críticament la visió orgànica dels *actors socials* que són considerats com a rols buits i només representen *funcions* d'un sistema que els transcendeix. Els actors i els seus diferents papers venen establerts pel sistema social i el sistema de valors que el dirigeix. D'aquesta manera, les relacions establides «són entre rols i no entre subjectes, es tracta de relacions sistèmiques més que de relacions socials» (Montes Cató, 2007: 8).

Per a Hyman (1981) la perspectiva unitarista sobrevalora la capacitat d'autoregulació del sistema de relacions laborals en entendre que existeix una convergència ideològica entre els actors i la societat en general. L'afirmació de l'existència d'una ideologia compartida nega el fonament del conflicte en eliminar el factor de la propietat i control dels mitjans de producció com a element essencial que configura la posició estructuralment contradictòria dels actors del sistema (Dithurbide, 1999). A més, suposa que empresaris i treballadors gaudeixen d'una mateixa posició de partida, és a dir, no dona compte de les relacions de poder asimètriques entre les organitzacions empresarials i els sindicats (Offe i Wiesenthal, 1980).

*Referències bibliogràfiques*

Blain, A. N. J. y Gennard, J. (1970): «Industrial Relations Theory - A critical review», *British Journal of Industrial Relations*, 8 (3): 389-407.

Dithurbide, G. (1999): «Problemas en el análisis del conflicto laboral», en Castillo C. m(coord.) *Economía, Organización y Trabajo: un enfoque sociológico*, Madrid, mEdiciones Pirámide, pp. 155-196.

Dunlop, J. T. (1978 [1958]): *Sistemas de relaciones industriales*, Barcelona: Ediciones Península.

Garcia Calavia, M. Á. (2005): «La edad de oro de las relaciones industriales: elementos de interpretación teórica», *Papers*, 75, pp. 11-33.

Goldthorpe, J.H. y Lockwood, D. (1963): «Affluence and the British Class Structure», *Sociological Review* 11 (2), pp. 133–63.

Goldthorpe, J.H. y Lockwood, D. (1996[1963]) «Affluence and the British Class mStructure», en Scott, J (ed.): *Class: critical concepts*, Vol. 4, London and New York: Routledge, 13-41.

Goldthorpe, J.H.; Lockwood, D.; Bechhofer, F. y Platt, J. (1967): «The Affluent Worker and the Thesis of Embourgeoisement: Some Preliminary Research Findings», *Sociology*, 1 (1): 11-31.

Goldthorpe, J.H.; Lockwood, D.; Bechhofer, F. y Platt, J. (1969): *The affluent worker in the class structure*, London: Cambridge University Press.

Hyman, R. (1981[1975]): *Relaciones Industriales. Una introducción marxista*, Madrid: H. Blumes Ediciones.

Martín Artiles, Antonio (2003): *Teoría clásica de las relaciones laborales*, UOC.

Montes Cató, J. (2007): «Reflexiones teóricas en torno al estudio del conflicto laboral. Los procesos de construcción social de la resistencia», *Trabajo y Sociedad*, 9: 1- 25.

Offe, C. y Wiesenthal, H. (1992[1980]): "Dos lógicas de acción colectiva", en Offe (1992): *La gestión política*, Madrid: Ministerio de Trabajo y Seguridad Social, pp. 47-112.

## Lectura 2.3. El Unitarisme. L'Escola de Relacions Humanes

L'origen d'aquesta escola també es vincula a una altra perspectiva acadèmica, a la sociologia industrial i de l'empresa, al funcionalisme nord-americà, i té com a punt de partida els estudis realitzats entre 1927-32 en l'empresa Western Electric de Chicago (Moreno, 1962). La finalitat d'aquesta investigació era superar els problemes de rebuig dels treballadors a l'organització taylorista del treball, així com obtindre millores en la productivitat. El tret distintiu d'aquest enfocament es pot resumir en els tres punts següents:

1) Considera el conflicte com una qüestió patològica, disfuncional i exògena a l'empresa, que és una unitat d'interessos compartits entre capital i treball.

2) Les relacions humanes en el treball constitueixen una alternativa al sindicalisme mitjançant el foment d'una comunicació fluida, diàleg, programes de participació, implicació, repartiment de beneficis i altres incentius materials i simbòlics.

3) Es fomenta també la dinàmica dels grups i altres aspectes informals de les relacions per a esmenar els buits que deixen l'organigrama formal i jeràrquic de l'empresa.

És a dir, es tracta d'un enfocament micro, situat en l'àmbit de l'empresa i dels llocs de treball i amb una forta orientació empirista. Com a tècnica de gestió laboral es va expandir en els anys trenta fins a finals dels cinquanta, establint una sèrie de receptes idíl·liques per a mitigar i reduir el conflicte laboral. Aquesta escola va comptar amb l'impuls de l'empresariat; no en va el seu principal mecenes va ser Rockefeller. Els objectius de les relacions humanes consistien llavors a aconseguir la integració dels treballadors, oferir una visió unitarista i propiciar la participació en el treball.

La noció unitarista està associada a la integració dels treballadors, que significava impulsar la concepció de l'empresa com una comunitat d'interessos compartits entre capital i treball i, per tant, crear una identitat comuna en relació amb els objectius de l'empresa.

La idea de participació tenia llavors el significat de crear les condicions necessàries per a estimular la motivació i l'interés pel treball per mitjà dels grups informals. És a dir, en certa manera es tractava de superar la visió mecanicista de l'organització taylorista del treball que fins llavors havien impulsat els empresaris i els enginyers.

Per tant, la finalitat perseguida era doble: reduir la conflictivitat i augmentar la productivitat, d'aquí ve que a Europa aquest corrent es coneguera com a "política de relacions humanes per a acréixer la productivitat" (Bolle de Bal, 1973, pàg. 33). La influència a Europa és tardana; després de la Segona Guerra Mundial, l'escola de relacions humanes penetra acompanyant a l'organització taylorista del treball. Com a escola ha tingut una important influència en la formació i desenvolupament de l'estructura de comandaments intermedis en les grans empreses. Fins i tot en certa manera ha sigut més una ideologia del lideratge per als comandaments intermedis que una escola en el sentit acadèmic, segons posen en relleu alguns dels seus crítics.

L'escola de relacions humanes es troba amb tres problemes:

1) No explica el paper dels sindicats com a organització dels treballadors presents dins i fora de l'empresa.
2) No introdueix la idea de conflicte com una de les característiques de les relacions laborals i, per tant, tampoc explica els fonaments del pacte.

3) Limita l'anàlisi al nivell micro, sense explicar l'articulació entre el nivell micro i macro. No considera la vinculació entre el conflicte i les desigualtats de classe. És a dir, no té en compte l'estructura socioeconòmica.

El fracàs d'aquesta manera d'aproximació del primer funcionalisme ha tingut un caràcter empirista, descriptiu i mancat d'un marc teòric i conceptual que permetera anar més enllà de les explicacions de nivell micro. Amb tot, aquesta perspectiva d'anàlisi va obrir les portes a la psicosociologia com a disciplina acadèmica aplicada a l'organització del treball i de l'empresa, va descobrir la importància dels grups informals en el treball i va posar en relleu l'existència d'importants àrees de cooperació en les relacions industrials en el centre de treball. En els anys huitanta, autors marxistes com Burawoy (1989) han tornat a reconsiderar les aportacions d'aquesta escola per a tractar d'explicar el consentiment en els mecanismes de control en el treball i les pràctiques de cooperació que han passat desapercebudes en les anàlisis marxistes.

Martín Artiles, A. *Teoría sociológica de las relaciones laborales.* Editorial UOC

## 2.3.2. Neomarxisme

### 1-Funcions positives del conflicte

**Resposta al conflicte com a problema disfuncional:**
1. **Funcions connectives del grup:** unitat, identitat i límits.
2. **Protecció del grup:** evitar-ne la dissolució.
3. **Estructuració del grup:** eliminar elements divisionistes (tancats) / manifestar discrepàncies (oberts)
4. **Unificació de l'adversari:** normes i reglaments comuns/poder de negociació.

**Lewis Coser (1961): el conflicte podria contribuir a solidificar un grup pobrament estructurat.**

### 2-Les RRLL com a espai en contestació

Apareixen a mitjans dels anys 70 i es desenvolupen durant dècada dels vuitanta, com a resposta al funcionalisme dominant, com a crítica ideològica al capitalisme en un context de nova agitació social i laboral a Europa.

RICHARD HYMAN revisa l'anàlisi de Marx en el context de les RRLL de l'era industrial i fordista. Subratlla el **CARÀCTER ESTRUCTURAL I IRREVERSIBLE DEL CONFLICTE a les RRLL.**

✓ Les relacions de treball al capitalisme: origen de Conflictes.
✓ **Relacions estructuralment antagòniques entre treballadors i empresaris.**
✓ Reflex de la divisió en classes de les societats capitalistes.

**BASE DEL RÈGIM CAPITALISTA DE PRODUCCIÓ: la força de treball és una mercaderia més.**

Les relacions laborals comporten aquells **aspectes dinàmics** de l'estructura social, prioritzant-se els conflictuals sobre la base **d'estratègies de control** entre els diferents actors socials. El seu interés radica a anar **més enllà de les conseqüències (normatives i institucionalitzades)** i elaborar un plantejament que reculla **l'anàlisi de les causes del conflicte: el no evident.**

El plantejament neomarxista té com a **tema central el del control,** com a tret definitori de les relacions laborals, analitzant-se així el sindicalisme o les associacions patronals com a instruments de control dels treballadors sobre les seues condicions de treball, i com a institucions que al mateix temps estan sotmeses a pressions exteriors sota la forma de control sobre els seus afiliats.

HENRY BRAVERMAN:
✓ A l'intercanvi (**contracte de treball: formal i institucionalitzat**), el treballador ven la seua força de treball a canvi d'un salari.
✓ La ven al capitalista, que la reté temporalment (jornada laboral).
✓ *Mercaderia específica, caràcter temporal.*

**En la transformació de força de treball en treball efectiu a l'esfera de producció és on sorgeix el conflicte:**
✓ El treball és propietat del capitalista, no del productor.
✓ La "igualtat" del mercat es transforma en domini:
✓ **El capitalista vigila:** l'obrer; l'execució del treball; que els mitjans de producció s'utilitzen de manera adequada...

RICHARD EDWARDS:
✓ Grau d'indeterminació en el contracte de treball.
✓ Els interessos no coincideixen.
✓ *La plusvàlua -> el capitalista extrau del treballador més treball de l'incorporat en el valor de la seua força de treball.*
La relació establida dona a l'empresari dret de manar i imposa deures, però...

RICHARD HYMAN:
...La indeterminació i el conflicte d'interessos possibiliten una àmplia gamma de comportaments del treballador (compatibles amb el seu "contracte").
✓ **Ordres raonables / controls informals.**
✓ **Vaga: desafiament al control i negació del caràcter de mercaderia**

### 3-Limitacions:

**¿Per què no es dona amb major freqüència el conflicte? ¿Quines són les causes de la pau laboral?**
**1-Menys d'un dia de vaga a l'any**
  - ✓ **Conflicte organitzat-> la punta de l'iceberg**
  - ✓ Conflicte no organitzat -> sabotatge, indisciplina, absentisme…
**2-Harmonia malgrat l'antagonisme: Conflicte com a excepció.**
  - ✓ Si l'empresa fa fallida, les dues parts perden.
  - ✓ Els costos del conflicte són per a tots.

**3-Institucionalització del conflicte:** negociació col·lectiva com a mètode estable -> no se n'eliminen les causes.

---

### Lectura 2.4. EL PROCÉS DE TREBALL COM A ORIGEN DEL CONFLICTE. LA PERSPECTIVA NEOMARXISTA

En la dècada dels huitanta i noranta es va consolidar un corrent de pensament preocupat per comprendre des de la perspectiva marxista les relacions de treball. Molts dels atacs dels unitaristes havien tingut com a blanc precisament alguns dels elements de la teoria formulada per Marx, d'ací el desafiu de ressituar aquesta perspectiva i aportar nocions i conceptes que permeten analitzar l'especificitat de les relacions laborals i el conflicte de treball (Montes Cantó, 2007).

Des de la perspectiva neomarxista les relacions industrials se centren en l'estudi de «els processos de control sobre les relacions de treball; i entre aquests processos revestissen particular importància aquells que es refereixen a l'organització i acció col·lectiva dels treballadors» (Hyman 1981: 22, traducció de l'original). D'aquesta manera, autors com Edwards, Hyman, Burawoy, Braverman deixen de costat la visió purament institucional i aborden les relacions laborals i el conflicte en el procés de treball.

Des d'aquesta perspectiva el conflicte té arrels més profundes i les desigualtats de poder són majors del que suposen els pluralistes. S'accepta que existeixen normes per a resoldre el conflicte de treball, com, per exemple, la negociació col·lectiva, però no per a eliminar-ho; consideren que el conflicte entre capital i treball és consubstancial a la societat industrial. Per a aquests autors les bases materials –no conjunturals- del conflicte se situen en el procés de treball: procés mitjançant el qual la força de treball es transforma en treball efectiu. Per tant, el concepte clau de la teoria marxista és la distinció entre treball i força de treball. A partir d'aquesta distinció, «se segueix que l'organització de la producció en l'empresa capitalista ha de reflectir els elements essencials de la lluita de classe» (Gintis, 1983: 159-159).

*La perspectiva neomarxista*

Hyman (1981), en la seua introducció marxista a les relacions industrials, afirma que les relacions de treball en el capitalisme són un inevitable origen de conflictes. «Els interessos dels empleats són en gran manera oposats als dels ocupadors: d'aquí ve que totes dues parts pretenguen utilitzar la força i mobilitzar recursos per a assegurar el predomini dels seus propis interessos. Les estratègies que adopten inevitablement xoquen, i la conseqüència òbvia és el conflicte» (Hyman, 1981: 206).

Seguint el raonament marxista de la divisió en classes de les societats capitalistes, l'origen del conflicte en les relacions laborals es basa en les relacions estructuralment antagòniques entre treballadors i empresaris. Per tant, el conflicte industrial és el reflex de la divisió en classes de les societats capitalistes:

"El gruix de la població no posseeix propietats importants, i per a guanyar-se la vida han de vendre la seua pròpia capacitat de treball. El salari o el sou que reben són bastant més xicotets que el total de la riquesa que produeixen col·lectivament. L'excedent passa a les mans de la xicoteta minoria que ostenta la propietat dels mitjans de producció [...]. El control que aquesta minoria exerceix sobre el sistema productiu necessàriament comporta el control sobre les persones als qui empren. Per tant, existeixen dues agrupacions o classes socials fonamentals. Per un apart, els que treballen en varietat d'ocupacions [...] que realitzen una òbvia contribució a la producció, que no es reflecteix adequadament en el seu salari i condicions. [...]. D'altra banda , estan aquells les propietats dels quals els permeten viure del treball dels altres [...]. Entre aquestes dues classes existeix un conflicte d'interessos radical, que impregna tot el que ocorre en les relacions industrials" (Hyman, 1981: 33).

Aquesta desigualtat i asimetria de poder es reflecteix tant en el mercat de treball -esfera de la circulació- com, i sobretot, en l'esfera de la producció. Des d'aquesta perspectiva, una de les bases fonamentals del règim capitalista de producció és que la «força de treball» es converteix en una mercaderia més, és a dir, una cosa que es compra i es ven en el mercat. Per a Hyman, d'aquest fet essencial sorgeixen molts dels conflictes inherents a les relacions industrials:

> «Els salaris i condicions que el treballador cerca d'una manera natural com a mitjà per a poder portar una vida decent, són un cost per a l'empresari, que disminueix, per tant, el seu benefici, i ell, també de manera natural, resistirà la pressió per a aconseguir millores; el futur treballador ha de trobar un empresari que vulga pagar-li un sou a canvi de la utilització de la seua tècnica, coneixement o esforç físic» (Hyman, 1981: 30).

En paraules del mateix Marx, el mercat de treball és considerat «com a departament especial del mercat de mercaderies», on «el posseïdor de la força de treball i el posseïdor dels diners s'enfronten en el mercat i contracten d'igual a igual com a posseïdors de mercaderies, sense més distinció ni diferències que la que un és comprador i l'altre venedor: tots dos són, per tant, persones jurídicament iguals» (Marx, 1946: 185 i 187). Per a Marx en l'esfera de la circulació o de l'intercanvi de mercaderies, «dins de les fronteres de les quals es desenvolupa la compra i la venda de la força de treball», regnen la llibertat i la igualtat. No obstant això, com assenyala Hyman (1981: 34), el contracte de treball és certament lliure «en el sentit que les persones no són obligades a treballar a punta de pistola; però si l'alternativa a treballar en els termes establits per l'empresari és la pobresa i la fam, no existeix en això molt consol». Perquè aquesta relació es mantinga al llarg del temps és necessari «que el propietari de la força de treball només la venga per un cert temps, perquè si la ven en bloc i per sempre, el que fa és vendre's a si mateix, convertint-se de lliure a esclau, de posseïdor d'una mercaderia a mercaderia» (Marx, 1946: 185 i 197). És necessari precisar en aquest punt, com indica Braverman (1981: 71), que en l'intercanvi «el treballador no atorga al capitalista la seua capacitat per al treball. El treballador la reté i el capitalista pot aprofitar l'oportunitat solament posant a treballar a l'obrer. [...] el que el treballador ven i el que el capitalista compra no és una quantitat convinguda de treball, sinó la força de treball durant un període convingut de temps».

En l'esfera de la circulació, el valor de canvi de la força de treball «es determina, com qualsevol altra mercaderia, pel temps de treball necessari per a la producció, incloent-hi, per tant, la reproducció» però, «el caràcter peculiar d'aquesta mercaderia específica, de la força de treball, fa que el seu valor d'ús no passe encara de fet a les mans del comprador en tancar-se el contracte entre aquest i el venedor. [...] el seu valor d'ús no es desplega fins després, perquè resideix en l'ocupació o aplicació de la força de treball» (Marx, 1946: 188 i 191-192). Per tant, el consum de la força de treball es produeix al marge del mercat o de l'òrbita de la circulació:

«Per això ara hem d'abandonar aquesta sorollosa escena, situada en la superfície i a la vista de tots, per a traslladar-nos, seguint els passos del posseïdor dels diners i del posseïdor de la força de treball, al taller ocult de la producció, en la porta de la qual hi ha un cartell que diu: "Prohibit l'entrada a tota persona aliena al negoci". Ací, en aquest taller, veurem, no sols com produeix el capital, sinó no també com es produeix ell mateix, el capital. I se'ns revelarà definitivament el secret de la producció de la plusvàlua. [...]. En abandonar aquesta òrbita de la circulació simple o canvi de mercaderies, [...] sembla com si canviara una mica de fisonomia dels personatges del nostre drama. L'antic posseïdor de diners trenca la marxa i es convertit en capitalista, i després d'ell ve el posseïdor de la força de treball, transformat en obrer seu; aquell, trepitjant fort i somrient desdenyós, tot precipitat; aquest, tímid i recelós, de mala gana, com qui vendrà la seua pròpia pell i sap la sort que li espera; que li l'adoben» (Marx, 1946: 194 i 195).

És en aquest punt, amb el pas a l'esfera de la producció, quan sorgeix el conflicte. En l'esfera de la producció la suposada «igualtat» de mercat entre comprador i venedor de la força de treball es transforma en «relacions del domini» entorn del procés de treball: la transformació de la força de treball comprada en treball efectiu. Seguint a Marx (1946: 207 i 208), el procés de treball, considerat com a procés de consum de la força de treball pel capitalista, presenta dos fenòmens característics: en primer lloc, l'obrer treballa sota el control del capitalista, a qui el seu treball li pertany, que es cuida de vigilar que aquest treball s'execute com cal i que els mitjans de producció s'emprenen convenientment; en segon lloc, el producte és propietat del capitalista i no del productor directe.

En el contracte de treball es determina el valor d'ús de la força de treball, per tant, l'empresari ha d'organitzar la producció per a extraure la màxima quantitat de treball de la força de treball contractada; és «aquesta discrepància entre el que el capitalista pot comprar en el mercat i el que necessita per a la producció, la qual cosa fa que siga imperatiu per a ell controlar el procés de treball i les activitats dels treballadors» (Edwards, 1983: 143). Aquest aspecte és clau, existeix un grau d'indeterminació en el contracte de treball atés que no es pot especificar per endavant la quantitat i el tipus de treball que ha de fer-se a cada moment; per molt detallat que siga el contracte cap ocupador pot preveure totes les eventualitats, ni descriure exactament què és el que s'ha de fer a cada moment i com s'ha de fer. Per tant, en el procés de treball existeix una àrea d'incertesa sobre com es transforma la força de treball contractada en treball efectiu, que posa de manifest una àrea potencial de conflicte. El conflicte existeix perquè els interessos dels treballadors i els dels ocupadors no coincideixen; el que és bo per a uns quasi sempre és costós per als altres:

«En una situació en la qual els treballadors no controlen el seu propi procés de treball i no poden fer del seu treball una experiència creativa, qualsevol esforç que sobrepasse el mínim necessari per a evitar l'avorriment no interessa als treballadors. D'altra banda, per al capitalista és cert sense límits que com més treball puga extraure de la força de treball que ha comprat, més béns produirà; i els produiran sense cap augment dels costos salarials» (Edwards, 1983:142 i 143).

Per tant, l'organització de la producció és «una lluita (si bé una lluita desigual) entre el capital i el treball entorn de la taxa d'explotació d'aquest últim» (Gintis, 1983: 157). La plusvàlua apareix quan l'empresari és capaç d'extraure del treballador més treball que el que està incorporat en el valor de la seua força de treball (el salari). Segons Marx (1946) al principi la plusvàlua «només brolla mitjançant un excés quantitatiu de treball, prolongant la duració del mateix procés de treball» (p. 221); però una vegada que la duració màxima de la jornada de treball es va limitar legalment «el capital es va llançar amb totes les seues empentes i amb plena consciència del que feia a produir plusvàlua relativa accelerant els progressos del sistema de maquinària» (451). Per tant, la capacitat de la «mercaderia» força de treball per a generar plusvàlua es deu simplement a «la prolongació del temps de treball més enllà del punt en què el treball s'ha reproduït a si mateix [...]. Aquest temps variarà amb la intensitat i la productivitat del treball, el mateix que els requisits canviants de subsistència» (Braverman, 1981: 73).

A causa de la indeterminació que es dona en el contracte de treball és possible una àmplia gamma de comportaments per part dels treballadors compatibles amb les seues obligacions legalment exigibles. D'aquesta manera la necessitat d'extraure un excedent de la força de treball contractada fa que l'ocupador haja d'organitzar la producció de manera que manipule la consciència i limite el poder del treballador de manera que siga compatible amb l'obtenció de beneficis per l'empresa. Per tant, el control del procés de treball és essencial per a l'obtenció de la plusvàlua. En definitiva, la quantitat de treball que es pot extraure de la força de treball comprada «depén de la disposició de la força de treball a fer un treball útil i de la capacitat de l'empresa per a obligar a fer aqueix treball o per a evocar-lo»; per la qual cosa la quantitat de treball sorgeix com a resultat de la lluita entre els treballadors i els ocupadors (Edwards, 1983: 143).

El control del procés de producció és problemàtic perquè la força de treball està sempre tancada en persones amb els seus propis interessos i necessitat i que retenen el seu poder per a oposar-se a ser tractats com a mercaderies. Les vagues són, des d'aquesta perspectiva, «un desafiament a l'autonomia del control empresarial. Són el mitjà mitjançant el qual els treballadors es neguen a ser tractats simplement com una mercaderia» (Hyman, 1972: 151).

La «igualtat» de la relació establida en el contracte de treball, dona a l'empresari el dret a manar, mentre que imposa als treballadors el deure d'obeir; no obstant això, com assenyala Hyman (1981), els treballadors són una mica més que esclaus: existeixen límits al seu deure d'obeir, i al dret de l'empresari a manar. Així, la llei estableix uns límits: l'empresari tenen dret a donar només ordres raonables; no obstant això, existeix una restricció molt més important al control empresarial: a vegades els treballadors es neguen a obeir ordres, i l'empresari no pot o no desitja forçar la situació. D'ací, que en els centres de treball «existisca una frontera invisible de control que redueix alguns dels poders formals de l'empresari: una frontera que es defineix i redefineix a través d'un procés continu de pressió i reacció, conflicte i adaptació, lluita oberta i tasseta» (Hyman, 1981: 36):

> Una incessant lluita pel poder és, per conseqüent, un fenomen fonamental de les relacions industrials. [...] La frontera de control en un moment determinat representa un compromís insatisfactori per a totes dues parts, i podem esperar que es realitzen intents per a modificar aquesta frontera sempre que una de les dues parts pense que les circumstàncies estan a favor seu. El conflicte i el canvi són, per tant, inseparables de les relacions industrials» (Hyman, 1981: 36 i 38).

En definitiva, des de la perspectiva marxista les vagues són vistes com «una demostració ineludible de l'antagonisme cap al capital» (Hyman, 1981: 210).

*Limitacions*

Una vegada identificada la causa material del conflicte, la qüestió central és conéixer per què no es dona amb major freqüència, és a dir, les causes de la pau laboral. En paraules de Cole (1920: 6) «la dificultat no és comprendre per què el descontentament i les vagues existeixen, sinó per què no són més freqüents». Referent a això Hyman (1972) assenyala una sèrie de causes de la pau laboral. Així, segons l'autor una resposta pot ser que mentre que el treballador típic acudeix a la vaga menys d'un dia a l'any, «això és només la punta de l'iceberg del conflicte organitzat; mentre [...] el conflicte no organitzat com el sabotatge, indisciplina, restriccions a la producció, absentisme, rotació laboral, [...] constitueixen un problema crònic» (Hyman, 1972: 102 i 103). Malgrat això, és evident que en la indústria es dona un cert grau d'harmonia.

Una raó d'aquest grau d'harmonia és que, malgrat l'antagonisme de classe, existeix una àrea d'interés comú entre ocupadors i treballadors: «si l'empresa fa fallida tots dos ixen perdent» (Hyman, 1972: 103). No en va, en paraules de Marx, «el capital i el treball assalariat són dues cares d'una sola relació [...] Mentre un treballador siga treballador assalariat la seua sort depén del capital. Aquesta és la tan esbombada comunitat d'interessos entre el treballador i el capitalista» (Marx, 1958: 93, extret de Hyman, 1981: 213). Una altra resposta és que els conflictes laborals suposen costos per a tots els afectats; per tant, «ocupadors i treballadors tractaran que el conflicte obert siga l'excepció i no la regla» (Hyman, 1981: 211). A més, el conflicte d'interessos que radica en el cor de les relacions laborals en el capitalisme no necessàriament emergeix en un comportament conflictiu; això és degut, com assenyala Kelly (1998: 25), al fet que «la classe subordinada [els treballadors] està habitualment en un estat de desorganització, mancades d'un punt de vista comú dels seus interessos i sense els recursos organitzatius amb els quals dur-los a terme». No obstant això, de temps en temps la classe subordinada mostra «algun grau d'organització (com els sindicats, per exemple)» i s'observen «fluctuacions a llarg termini i variacions intersectorials en la incidència de l'organització i acció col·lectiva». Per tant, seguint a Tilly (1978: 7), a més de la diferència d'interessos, són necessaris altres «components» per a l'acció col·lectiva, com són: organització, que es refereix als aspectes de l'estructura d'un grup que més directament afecten la seua capacitat d'actuar a favor dels seus interessos; mobilització, que és «el procés mitjançant el qual un grup adquireix capacitat col·lectiva sobre els recursos necessaris per a l'acció. Aquests recursos poden ser poder de mercat, béns, armes, vots... »; oportunitat, que concerneix «a la relació entre un grup i el món que l'envolta» que al seu torn es divideix en tres components: el balanç de forces entre les parts, el cost de repressió per part de la classe dominant i les oportunitats disponibles per al grup subordinat per a aconseguir els seus propòsits; i, finalment, l'acció col·lectiva en si mateix, consistent en l'actuació conjunta a la recerca de l'interés comú, que pot prendre diferents formes en funció de les combinacions canviants d'interessos, organització, mobilització i oportunitat.

Per a Hyman (1972: 104) un altre concepte clau per a comprendre la pau laboral, i que reforça a la resta de causes, és el procés «d'institucionalització del conflicte de treball». Així, per als autors institucionalistes la negociació col·lectiva és descrita «com un procés social que transforma contínuament desacords en acords de manera ordenada», en la mesura en què estableix les regles per a regular-lo (Flanders, 1973: 369); per tant, «la negociació col·lectiva ha creat un mètode estable per a resoldre el conflicte industrial» (Dubin, 1954: 44). Tanmateix, això no significa que s'hagen eliminat les causes del conflicte:

> «Que existeixen conflictes d'interessos en la indústria actualment és una cosa a penes qüestionable. Que hem institucionalitzat la manera d'expressió d'aquest conflicte a través de la negociació col·lectiva és també clar. D'aquesta manera, hem construït, en la pràctica institucional de la negociació col·lectiva un mecanisme social per a portar el conflicte a una resolució reeixida. [...]. No hem

eliminat, a través de la negociació col·lectiva, les causes de les diferències i els conflictes» (Dubin, 1954: 47).

*Referències bibliogràfiques*

Braverman, H. (1981[1974]): *Trabajo y capital monopolista*, 4ª edición, México DF: Editorial Nuestro Tiempo.

Dubin, R. (1954) : "Constructive aspects of industrial conflict", en Kornhauser, A.; Dubin, R. y Ross A.R. (Eds.): *Industrial Conflict*. Nueva York: McGraw-Hill, pp. 37-47.

Edwards, R. (1983[1979]): "Conflicto y control en el lugar de trabajo", en Toharia, Luis (Comp.) (1983): *El mercado de trabajo: teorías y aplicaciones*, Madrid: Alianza editorial, pp. 141-155.

Gintis, H. (1983 [1976]): «La naturaleza del intercambio laboral y la teoría de la producción capitalista», en Toharia (Comp.): *El mercado de trabajo: teorías y aplicaciones*, Madrid: Alianza editorial, 157-191.

Hyman, R. (1972): *Strikes*. London, Fontana.

Hyman, R. (1981[1975]): R*elaciones Industriales. Una introducción marxista*, Madrid: H. Blumes Ediciones

Kelly, J. (1998): *Rethinking industrial relations: mobilization, collectivism, and long wave*s, London: Routledge.

Marx, K. (1946[1867]): E*l Capital. Crítica de la Economía Política*, Tomo I, Volumen I, México DF: Fondo de Cultura Económica.

Tilly, C (1978): F*rom mobilization to revolution*, Reading: Addison-Wesley

### 2.3.3. Pluralisme

**1-¿És possible canalitzar el conflicte?**

**(1) Origen**

BEATRICE i SIDNEY WEBB -> Escola d'Oxford (anys vint)
- ✓ Va estudiar els sindicats.
- ✓ La participació obrera.
- ✓ La democràcia industrial.
- **Objecte d'estudi:** Història i paper del moviment obrer. Possibilitat de **traslladar els valors democràtics des de l'àmbit de la política a l'àmbit productiu.**

- Fundadors del socialisme Fabià, hereu del socialisme utòpic, de caràcter no marxista i dirigit a assolir una societat més justa a través d'una acció gradual de millora, i **no per mitjà de la revolució.**
- **Van elaborar tota una teoria sobre democràcia, Estat i transició al socialisme** (societat fabiana) sobre la base de: l'extensió de la democràcia de l'àmbit polític a l'econòmic/industrial; la compatibilització entre socialisme i democràcia; l'extensió d'un estàndard mínim de vida civilitzada (Estat de Benestar).

HUGH CLEGG *(també Fox, Flanders)* -> Escola d'Oxford proposa(en) una visió diferent de les RRLL.

El model PLURALISTA **reconeix l'existència de la diversitat d'interessos i del conflicte a les RRLL** -> *no homogenis i de classe.*

**Deriva de la determinació de les condicions de treball.**
- ✓ Factors industrials i organitzatius.
- ✓ Diferents rols entre directius i empleats.

Les RRLL són un fenomen col·lectiu, reproduït entre ocupadors i treballadors **organitzats segons criteris professionals (per sectors i categories).**

S'accepta la DIFERÈNCIA D'INTERESSOS entre ocupador i empleat(s) dins de la relació laboral. **El conflicte és "natural" i endèmic a les RRLL.**

No obstant això, **les diferències d'interessos no són insalvables.** No existeix un antagonisme de classe que les produïsca i explique (**es nega l'acció política**).

El conflicte entre els actors de les RRLL pot ser **canalitzat i contingut** recorrent a la **negociació col·lectiva.**

Centralitat de la **negociació col·lectiva**:
- ✓ Forma de **democràcia industrial.**
- ✓ Mètode més important de **regulació i reequilibri** de les relacions d'ocupació.

Combinar **estabilitat social, adaptabilitat i llibertat** (ètica i moral laica).

## 2-Característiques del Pluralisme

**1-Els interessos dels treballadors són internament heterogenis.**

- Diferents per a cada categoria professional.

- Preeminència d'un **model de sindicalisme professional (d'ofici) sobre el de classe.** L'estratègia per a aconseguir millors condicions d'emprar i salari se centren en:

- No permetre que s'afilien al sindicat treballadors no qualificats que han d'afiliar-se a sindicats generals.
- Limitar el nombre d'aprenents que formen els treballadors qualificats.
- Les practiques *"closed shop"* on els sindicats pacten amb els empresaris que només poden contractar els treballadors sindicats.

2- Les PRÀCTIQUES són més importants que les normes. La gestió pragmàtica de l'empresa.
- Els acords col·lectius modifiquen la regulació de les condicions de treball: des de l'empresa. (autoregulació descentralitzada).
  - L'empresa és el "contenidor" de les RRLL. Caràcter aplicat, pràctic i ateòric.
  - La centralitat de la negociació col·lectiva amb forta càrrega moral.
  - Aquestes característiques fan que la normalització de l'ocupació es donen tant per:
    - La negociació col·lectiva descentralitzada en els centres de treball.
    - Com per la vaga i pressió elevada dels sindicats.

3. VOLUNTARISME A LES RELACIONS LABORALS
- L'Estat no intervé a les RRLL. La intervenció de l'estat és mínima, bàsicament se centren a resoldre conflictes.
- Els ocupadors no tenen l'obligació de reconéixer als sindicats, són lliures d'acceptar o rebutjar negociar.
- Per això, es fa servir el CONFLICTE COM A INSTRUMENT DE NEGOCIACIÓ (alt nivell de vagues a UK fins als anys vuitanta).
- El model de sindicalisme pluralista es responsabilitza de negociar i fer respectar els acords resultants de la negociació col·lectiva.
- La normalització de l'ocupació i el treball comportat són un procés d'autoregulació col·lectiva i no de processos legals.
- LA NEGOCIACIÓ COL·LECTIVA: Intercanvis autònoms i bipartits entre els interessos dels ocupadors i els empleats per a la determinació de les condicions de treball.
- Els convenis col·lectius no tenen eficàcia jurídica, per tant, no són legalment exigibles en els tribunals. Només es pot reclamar drets estipulats al contracte individual.

3.-Algunes limitacions i crítiques

1. Concep l'empresa com un "estat democràtic en miniatura": coalició.
   ✓ Els treballadors no trien als seus gerents ni poden apartar-los.
2. Èmfasi en l'estabilitat i contenció del conflicte.
   ✓ No es para atenció als processos que generen el conflicte.
3. Suposa un balanç equilibrat en les relacions entre ocupadors i treballadors
   ✓ "Falsa identitat", "igualar conceptualment el desigual" (Offe i Wiesenthal, 1980:70),
Organitzacions primàries (i poder privilegiat -> acumulació) vs. secundàries

# Lectura 2.4. EL XOC ENTRE INTERESSOS ORGANITZATS.
## LA PERSPECTIVA PLURALISTA

Durant la dècada dels cinquanta i principis dels seixanta es van proposar una diversitat d'arguments: «l'aburgesament de la classe obrera» (Goldthorpe i Lockwood, 1963), «la fi de la ideologia» (Bell, 1960), la «desaparició de les vagues» (Ross i Hartman, 1960), que predeien un declivi a llarg termini de l'activitat vaguística a conseqüència de la consolidació de la prosperitat econòmica en les societats industrialitzades. El «ressorgiment del conflicte de classe» (Crouch i Pizzorno, 1978) a la fi de la dècada dels seixanta va mostrar per la força dels fets que aquests arguments eren erronis i van marcar el límit de la interpretació unitarista de les relacions laborals. Aquests esdeveniments van generar un conjunt d'estudis en l'àmbit de les relacions laborals que es consolida en el que es va donar a dir el corrent pluralista.

Seguint a Poole (1981) l'essència de l'enfocament pluralista es pot sintetitzar en els següents principis: primer, un pragmatisme inicial en lloc de l'enunciat d'un principi lògic deductiu; segon, el desenvolupament de postulats teòrics subjacents basats en l'anàlisi de Durkheim combinat amb una interpretació crítica de les contribucions clàssiques dels Webb a l'anàlisi del sindicalisme britànic; tercer, una concepció pluralista més que unitarista dels interessos i perspectives d'empresaris i sindicats respectivament; i quart, l'atenció centrada especialment en les institucions de la negociació col·lectiva més que en els sistemes de relacions laborals per se (Poole, 1981: 83). Habitualment s'ha utilitzat el terme «Escola d'Oxford» per a catalogar aquesta percepció voluntarista de les relacions entre treballadors i ocupadors; destacant com els seus membres més rellevants Hugh Clegg, Allan Flanders i Alan Fox, membres de la universitat d'Oxford. L'enfocament pluralista promou una altra manera d'entendre l'autonomia del sistema de relacions laborals basant-se en el cas britànic.

*La perspectiva pluralista*

La perspectiva pluralista de les relacions laborals té un doble significat (Martin Artiles, 2003). D'una banda, el pluralisme s'entenc com una ideologia que reconeix interessos diferents i en conflicte; no obstant això, els interessos no són homogenis i de classe social, no sols entre capital i treball, sinó també els interessos poden ser conflictius en el propi si del treball. Per tant, el pluralisme implica una representació dels treballadors en termes d'organitzacions de caràcter sectorial i de categories professionals diferents. D'altra banda, el pluralisme s'entén com una perspectiva analítica sobre les relacions laborals, que són definides com a relacions econòmiques basades en la negociació col·lectiva com a forma de regulació conjunta.

Des de la perspectiva pluralista s'assumeix que les organitzacions estan compostes per individus que s'uneixen en diferents grups, cadascun amb els seus propis interessos i objectius. Per tant, les organitzacions estan en un permanent estat de tensió per l'inherent conflicte d'interessos entre els diferents grups que les componen, per la qual cosa es requereix d'una sèrie de rols, institucions i procediments per a manejar-lo. Els conflictes són percebuts com a racionals i inevitables; són el resultat de «factors industrials i organitzatius (estructuralment determinats) i pels diferents rols de directius i empleats» més que per l'estructura d'antagònica d'interessos (Salamon, 1998: 7). Conseqüentment, des de la perspectiva pluralista s'accepta la legitimitat dels treballadors d'organitzar-se col·lectivament per a expressar els seus interessos i aconseguir els seus objectius. D'aquesta manera, els sindicats són vistos com un contrapoder a les prorrogacions empresarials.

En definitiva, a diferència de la perspectiva funcionalista el pluralisme accepta que els interessos de treballadors i ocupador divergeixen. No obstant això, «les divergències entre les parts no són ni tan fonamentals, ni tan àmplies com per a no ser salvables mitjançant compromisos (...) que permeten la persistència de la col·laboració» (Fox, 1973:196, citat en Hyman, 1975). Les parts en conflicte comparteixen un interés comú en «la supervivència del tot del qual formen part» (Dithurbide, 1999:172). Per tant, el conflicte d'interessos «té arrels econòmiques i és conjuntural, temporal» (Martin Artiles, 2003:24). D'aquesta manera, els conflictes poden ser continguts i canalitzats recorrent a mitjans institucionals adequats de negociació: el mitjà institucional per excel·lència és la negociació col·lectiva. En paraules de Dubin (1954):

«La negociació col·lectiva és la invenció social més gran que ha institucionalitzat el conflicte industrial. Igual que el procés electoral ha institucionalitzat el conflicte polític en democràcia, la negociació col·lectiva ha creat un mitjà estable per a resoldre el conflicte de treball» (Dubin, 1954: 44).

Per tant, una de les característiques més rellevants del pluralisme és «la centralitat de la negociació col·lectiva, com a forma de democràcia industrial, el mètode més important de regulació i reequilibri de les relacions d'ocupació» (Dithurbide, 1999:171). En aquest sentit, Flanders (1968) en la seua anàlisi de la negociació col·lectiva critica el concepte clàssic de negociació col·lectiva dels Webbs: «un equivalent col·lectiu i alternatiu a la negociació individual», argumentant que la «negociació col·lectiva és en essència un procés d'elaboració de normes», tret que no és propi d'un equivalent a la negociació individual. D'aquesta manera, és més correcte referir-se a la negociació col·lectiva com «un procediment que regula, més que substitueix, a la negociació individual». Per a Flanders la segona característica rellevant de la negociació col·lectiva és que es tracta «d'una relació de poder entre organitzacions. El procés de negociació és més ben descrit com un ús diplomàtic del poder» (Flanders, 1968: 4 i 6). Per tant, a causa de les seues característiques, la negociació col·lectiva no ha de ser comparada amb la negociació individual sinó amb altres procediments d'elaboració de normes. Així:

«Regles similars a les trobades en la negociació col·lectiva poden ser imposades unilateralment pels sindicats o els empresaris i les seues organitzacions. Alternativament, poden aparéixer en la legislació o desenvolupaments reglamentaris o existir com a costum (...). La negociació col·lectiva és un d'ells [procés d'elaboració de normes] i pot ser distingit de la resta per l'autoria de les normes; el fet que són determinades conjuntament per representants d'empleats i ocupadors els qui conseqüentment comparteixen la responsabilitat dels seus continguts i el seu compliment» (Flanders, 1968: 8).

Per conseqüent, «regulació conjunta» és el terme més apropiat per a destacar la característica essencial de la negociació col·lectiva.

*Limitacions*

Des de l'enfocament pluralista l'empresa és concebuda, per analogia al sistema parlamentari, com «una coalició d'interessos, un estat democràtic en miniatura» (Fox, 1966:2, citat en Hyman, 1972:156). El significat d'aquesta comparació política és clar: una coalició és un govern compost per dos o més partits diferents; un estat democràtic és un en el qual els governants són periòdicament triats per els governats, els qui poden optar per l'oposició. El que demostra l'absurd de l'analogia: «els treballadors no trien als seus gerents i no poden revocar-los del seu càrrec i només l'ocupador posseeix la potestat de governar l'empresa» (Hyman, 1972: 157).

D'aquesta manera cal destacar que un altre dels supòsits implícits de la perspectiva pluralista és que en les relacions entre els ocupadors i els treballadors organitzats en sindicats existeix un balanç més o menys equilibri de poder. Precisament, aquest aspecte és una de les principals crítiques que se li realitzen a la perspectiva pluralista, la «falsa identitat», és a dir, «igualar conceptualment el desigual» (Offe i Wiesenthal, 1980:70).

«Si comparem les associacions empresarials amb els sindicats únicament respecte a aquestes propietats d'organització formal, sembla haver-hi, a primera vista, un cert nombre de similituds; aquestes són normalment utilitzades per a definir el concepte de grup d'interés, del qual tots dos tipus d'organitzacions es considera llavors que són subcasos. (...) El que desitgem fer (...) és anar més enllà d'aquestes analogies formals a fi d'analitzar les diferents funcions que l'associació formal feta pel treball i el capital i, més concretament, descobrir de quina forma aconsegueix cadascun d'ells guanyar poder a través de l'organització. Una anàlisi d'aquesta naturalesa exigeix alguna cosa més que un simple examen del mateix procés d'organització. El que es necessita, a més, és analitzar les característiques específiques del que, en termes d'anàlisi orgànica, podrien denominar-se factors de producció (és a dir, què cal organitzar) i naturalesa del producte (és a dir, les condicions d'èxit estratègic que caldria trobar al voltant de les organitzacions)» (Offe, 1992: 54).

Respecte als factors de producció (el que cal organitzar), Offe i Wiesenthal (1980) assenyalen que els sindicats són «organitzacions secundàries» -organitzen individus pertanyents a altres organitzacions com són les empreses per a les quals treballen-, mentre que el mateix capital actua com a «organitzador primari». Així mateix, en relació amb els processe interns, una altra de les diferències entre les organitzacions d'empleats i treballadors és que les primeres depenen de la capacitat de generar en els seus membres la «disponibilitat a pagar», mentre que les segones depenen, a més, de la seua capacitat per a generar en els seus membres la «disponibilitat a actuar». Finalment, els autors destaquen que el capital, siga a nivell individual o de les associacions empresarials, es troba en una «posició de poder privilegiat» que es deriva del fet que l'Estat depén de l'èxit del procés d'acumulació.

Una altra crítica realitzada des de la perspectiva neomarxista (Edwards, 1990; Hyman, 1981) és que la major part de les versions del pluralisme parteix de la tesi que el conflicte és inevitable i natural, però centren l'atenció en els mitjans amb què es canalitza institucionalment, però no aporten una concepció de les bases del conflicte.

D'altra banda, Shorter i Tilly (1974) i Korpi i Shalev (1979) argumenten que des de la tradició pluralista el conflicte només es dona en la negociació col·lectiva, no tenint en compte l'ús dels recursos de poder de les organitzacions en el camp polític. El que en el següent apartat enllaçarem amb la «teoria de l'intercanvi polític».

*Referències bibliogràfiques*

Bell, D. (1960): *The end of ideology: on the exhaustion of political ideas in the fifties*, New York: Free Press.

Crouch, C. y Pizzorno, A. (Comp.) (1989[1978]): *El resurgimiento del conflicto de clases en Europa Occidental a partir de 1968. I Estudios por países*, Madrid: Ministerio de Trabajo y Seguridad Social.

Dithurbide, G. (1999): "Problemas en el análisis del conflicto laboral", en Castillo C. (coord.) *Economía, Organización y Trabajo: un enfoque sociológico*, Madrid, Ediciones Pirámide, pp. 155-196.

Flanders, A. (1968): "Collective Bargaining: A theoretical Analysis", B*ritish Journal of Industrial Relations*, March68, Vol. 6 Issue 1, pp. 1-26.

Fox, A. (1973): *Industrial Relations: a Critique of Pluralism Ideology*, en J. Child (Ed.)

Goldthorpe, J.H. y Lockwood, D. (1963) "Affluence and the British Class Structure"", *Sociological Review* 11 (2), pp. 133–63.

Hyman, R. (1972): *Strikes*. London, Fontana.

Martín Artiles, A. (2003): *Teoría clásica de las relaciones laborales*, UOC.

Offe, C. y Wiesenthal, H. (1992[1980]): "Dos lógicas de acción colectiva", en Offe (Comp.): *La gestión política,* Madrid: Ministerio de Trabajo y Seguridad Social, pp. 47-112.

Poole, M. (1991[1981]): *Teorías del sindicalismo*, Madrid: Ministerio de Trabajo y Seguridad Social.

Ross, A.M. y Hartman, P.T. (1960): *Changing Patterns of Industrial Conflict*, John Wiley & Sons, New York.

Salamon, Michael (1998): *Industrial Relations: Theory and Practice,* Londres: Prentice Hall Europe.

## Alternativa al voluntarisme:  INSTITUCIONALISMO

**Institucionalisme:** L'Escola de Wisconsin (J.R. Commons; S. Perlman) es desenvolupa en els anys vint, podent-se definir com la branca de l'institucionalisme dedicada a les relacions laborals i industrials. **Una institució és un cos normatiu jurídic i cultural que orienta el comportament dels membres d'una societat.** Les institucions són mecanismes que **afavoreixen l'ordre social** en proporcionar programes d'acció amb una certa estabilitat i permanència. Suposa:

1- **Alta intervenció de l'Estat** en la regulació de les relacions laborals (per exemple, a Espanya l'Estatut dels Treballadors, La llei Orgànica de Llibertat Sindical, Llei General de la Seguretat Social, etc.).

2- **El caràcter normatiu de la Negociació Col·lectiva,** és a dir, vinculant el que exigeix és que el conveni (contracte) col·lectiu s'aplique a les relacions individuals de treball incloses en el seu àmbit. La seua **eficàcia general, o caràcter *erga omnes*,** és a dir, vinculant en tot l'àmbit d'aplicació del conveni, independentment de si les empreses i els treballadors han participat en la negociació. **La ultraactivitat o pròrroga automàtica** del contingut normatiu dels convenis.

3- **Mecanismes institucionalitzats de resolució de conflictes** (Exemple: SMAC).

### 2.3.4. Corporativisme

#### 1- Concepte i varietats històriques

El CORPORATIVISME fa referència a tres varietats històriques d'organització de la presa de decisions públiques (incloses les RRLL). Les seues característiques són:

    (1) El reconeixement de la **participació de determinats actors** privats de la societat civil (grups d'interessos organitzats) en el procés de determinació **política de l'Estat.**

    (2) La **corresponsabilitat, per part dels actors esmentats i de l'Estat**, en la determinació de les polítiques públiques. (**concertació i diàleg social**).

    (3) **L'orientació consensual dels processos d'intercanvi polític** entre actors. Disseny d'un sistema de producció acords que legitimen socialment la presa de decisions públiques.

**Renaixement en la conjuntura dels anys setanta**: - taxa de creixement; + atur; + inflació; desequilibris macroeconòmics: **sortida negociada i eficaç.**

El **CORPORATIVISME "VELL"**: objectiu harmonitzador de les RRLL. El conflicte és un problema d'ordre socioeconòmic produït per la INDUSTRIALITZACIÓ.

    LEÓN XIII: Encíclica Rerum Novarum (1891). **La Doctrina Social de l'Església Catòlica** es posiciona davant les *conseqüències de la Revolució Industrial*: desigualtat, "Qüestió Social" i moviment obrer revolucionari.

    Des d'una perspectiva conservadora tracta de rescatar un supòsit "ideal col·laboratiu" propi del model de relació laboral preindustrial (*gremis*):
        ✓ Distribució més equitativa (*caritat i justícia social*).
        ✓ Estabilitat i evitació del conflicte.

El **CORPORATIVISME AUTORITARI** materialitza la proposta d'organització política dels règims amb una concepció orgànica de l'Estat (*feixisme, nazisme, franquisme, peronisme...*).

*"El feixisme amb raó s'ha d'anomenar corporati(vi)sme, ja que és la fusió del poder corporatiu i el govern" (Ley Rocco, 1926).*

Es proposa la substitució del conflicte de classes per la cooperació ordenada entre empresaris i treballadors
        ✓ Un objectiu superior: l'INTERÉS NACIONAL.

**Se suprimeix la llibertat d'associació i de representació.** Les contraparts de les RRLL s'integren en una organització única (*Sindicat Vertical Franquista: OSE, 1940-77*)

**EL CORPORATIVISME DEMOCRÀTIC o neocorporativisme:** representa el model d'organització de les RRLL a **l'Europa Continental i Escandinau.**

LEHMBRUCH i SCHMITTER : *"la forma de representació o d'intermediació d'interessos que connecta els interessos de la societat civil organitzada amb els de l'estructura de presa de decisions de l'Estat democràtic".*

> (1) **És un model de formulació compartida de polítiques públiques.** Incloses les condicions de treball.

> (2) És una **forma d'organització econòmica.** L'Estat controla i orienta l'activitat privada: **burocràcia intervencionista.**

### 2- <u>Models de corporativisme democràtic</u>

NO ÉS POSSIBLE PARLAR D'UN SOL MODEL DE CORPORATIVISME DEMOCRÀTIC. <u>Cada país construeix un sistema específic.</u>

S'expressa en termes de:
> (1) **Reconeixement i legitimació** dels interlocutors socials.
> (2) Transferència de **poders i de responsabilitats.**
> (3) **Estructura institucional** i estabilitat.

LEHMBRUCH i SCHMITTER (entre altres) han identificat tres varietats de corporativisme a l'Europa Occidental: **<u>fort, intermèdia i feble.</u>**

| CORPORATIVISME FEBLE (Espanya, Itàlia, França). | |
|---|---|
| DIFICULTAT PER ASSOLIR ACORDS | Excepte en moments de greu crisi: polítiques d'ajustos i reestructuració (ES: Pactes de la Moncloa). Conjuntura econòmica i RRLL inestables. Baix nivell de compromís dels actors a llarg termini (**Històricament el sindicalisme ideològic usa estratègies de confrontació**). |
| FEBLESA DE LES ORGANITZACIONS | **Taxa d'afiliació sindical baixa** *(FR 8%).* Dèficits de capacitat associativa de la patronal. **Problemes de cobertura i articulació interna** *(discontinuïtats).* Sense monopoli de representació: múltiples organitzacions *(diferències polítiques / lògica competitiva).* **(pluralitat intermèdia).** |
| NEGOCIACIÓ COL·LECTIVA MIXTA | Existència de negociació col·lectiva **centralitzada a nivells intermedis** (sectorial/ regional). Nacional o d'indústria no gaire important. **Descentralització / desorganització.** |
| ALTRES CARACTERÍSTIQUES | Legitimitat no en afiliats sinó en la seua participació / capacitat de pressió sobre la definició de polítiques (*vagues generals*). |

Les pràctiques entre els actors socials a Espanya oscil·la **entre la conflictivitat laboral i la concertació social.** En els últims trenta anys l'Estat espanyol ha registrat una de les taxes més elevades d'activitat vaguista d'Europa.

Ara bé, l'activitat vaguista no es va desenvolupar de manera homogènia, sinó més aviat, de manera discontínua i heterogènia (no sempre es dona de la mateixa manera).

Podemos diferenciar quatre períodes entre el predomini de la conflictivitat i la concertació social:

1. 1976-1979. Gran onada vaguística.
2. 1980-1986. Macroconcertació social.
3. 1987-1994. Grans vagues generals.
4. 1995-2008. Mesoconcertació social.

| Indicadors d'activitat vaguística a Europa (1980-2006) | | | | |
|---|---|---|---|---|
| PAÍS | Freqüència | Mida | Durada | Volum |
| Alemanya | n.d | n.d | 1,8 | 13,8 |
| Holanda | 0,3 | 16,7 | 2,9 | 13,8 |
| Àustria | 0,1 | 29,2 | 1,2 | 14,9 |
| Bèlgica | 2,5 | 2,8 | 6,5 | 36,4 |
| Portugal | 6,6 | 4,0 | 1,4 | 40,6 |
| França | 9,0 | 1,9 | 5,4 | 78,6 |
| Suècia | 1,4 | 10,0 | 4,6 | 84,3 |
| Dinamarca | 19,3 | 2,2 | 2,4 | 121,7 |
| Regne Unit | 2,2 | 11,1 | 4,7 | 123,8 |
| Irlanda | 5,2 | 4,2 | 8,8 | 145,8 |
| Finlàndia | 24,6 | 4,1 | 2,6 | 195,9 |
| Itàlia | 5,4 | 28,9 | 1,3 | 219,6 |
| Espanya | 8,8 | 17,7 | 2,3 | 290,5 |
| Mitjana UE | 6,6 | 11,3 | 3,9 | 97,0 |

Font: OIT

| CORPORATIVISME INTERMEDI (Alemanya, Bèlgica). | |
|---|---|
| ORIENTACIÓ BÀSICA CAP A L'ACORD | Concertació social més estable, vinculada a **grans pactes tripartits en moments de dificultat econòmica i social.** |
| FORTALESA DE LES ORGANITZACIONS | Taxa d'afiliació sindical intermèdia (en descens des dels anys vuitanta) DE 18%; BE 55%. **Organitzacions empresarials i sindicals fortes,** estructurades sectorialment i coherents internament (**monopoli de representació).** |
| NEGOCIACIÓ COL·LECTIVA CENTRALITZADA | **En l'àmbit sectorial.** Elevat **marge d'autonomia** de les federacions d'indústria sindicals i d'empresaris per a aconseguir acords. Un cert èxit. |
| ALTRES CARACTERÍSTIQUES | RRLL amb característiques específiques segons el sector (**drets de codeterminació** a Alemanya *restringits a determinats sectors i grandàries d'empresa*). |

**Dret de codeterminació:** presència de representants dels treballadors en els òrgans de direcció de l'empresa on es prenen les decisions estratègiques de l'empresa i el vot dels representants tindrà el mateix valor que el de la resta de membres del consell. Els països amb dret de participació activa són aquells corporativistes on predomina, el partenariat, la concertació i la pau social com a Suècia, Dinamarca, Alemanya i Àustria.

D'aquesta manera es diferencia del model mediterrani perquè té més drets reconeguts per llei, no sols d'informació i consulta, sinó de codeterminació i cogestió.

**Exemple:**

Suècia: "Llei de codeterminació" (MBL), de 1976, que atorga una participació minoritària de dos representants titulars i dos suplents en els consells d'administració de les empreses de més de 25 treballadors.

Alemanya: els representants dels empleats tenen dret a seients en el consell de supervisió de les empreses més grans: un terç en les empreses amb 500 a 2.000 empleats, la meitat en les empreses amb més de 2.000.

**La cogestió** és el dret dels treballadors i els seus representants a **vetar en cas de desacord decisions operatives** dels empresaris quant a l'organització de l'empresa (horaris, sistema de producció, vacances, promocions, plusos, ect.).

En la cogestió el treballador té dret a:
   ✓ Participar en la conformació del lloc de treball, el procés i l'entorn laboral (horari, planificació, directrius de selecció de personal).

**A la cogestió de l'estructuració de les plantilles** l'ocupador també ha de:
   ✓ Escoltar el comité d'empresa abans de procedir a un acomiadament. Si no ho fa, l'acomiadament és ineficaç a efectes legals.

| CORPORATIVISME FORT (Suècia, Noruega + Àustria, Holanda). | |
| --- | --- |
| ORIENTACIÓ COOPERATIVA | Participació efectiva dels actors (*sindicats, organitzacions empresarials i Estat*) en l'elaboració i implantació de polítiques. **Compromís cap al consens.** |
| FORTALESA DE LES ORGANITZACIONS | **Alta taxa d'afiliació sindical**: SE (67%), NO (52%) Organitzacions empresarials fortes i centralitzades (monopoli de representació). |
| NEGOCIACIÓ COL·LECTIVA CENTRALITZADA | Determinació de les condicions de treball en **l'àmbit nacional** (*coordinació de polítiques d'ocupació, de RRLL i macroeconòmiques*). |
| ALTRES CARACTERÍSTIQUES | **Països xicotets** (*les organitzacions poden vigilar la implementació i els resultats dels acords*). |

   1. EXEMPLE: **Política Salarial de Solidaritat (Suècia).**

**Context:**

1. En els anys trenta les relacions entre patronals i sindicats són conflictives a causa d'una forta crisi laboral.

2. Davant aquesta situació el govern socialdemòcrata (*pro labour*) proposa legislar les relacions laborals.

3. La Patronal Sueca (SAF) i la Confederació obrera (LO) de "coll blau" arriben a un **"compromís històric" anomenat acord de "Saltsjöbaden" en 1938**.

4. Aquest va suposar el primer gran acord de cooperació entre capital i treball a Europa i va obrir un ampli període (1938-1976) de pau social.

**¿Què és la política sindical de solidaritat?**
1. Segueix el principi "**a igual treball, igual salari**", independentment de la rendibilitat de l'empresa, la grandària o la localització del lloc de treball.
2. Es tracta d'un **mecanisme per a evitar l'estratificació social** millorant la cohesió i redistribució dels salaris. Les diferències salarials entre els millors i els pitjors pagats es va reduir més de la meitat (30% en 1960 a 12% en 1976).
3. Aquest principi també suposa que aquelles empreses mal gestionades que no puguen pagar els salaris deixaran pas a unes altres més ben gestionades.

**3-Tendències de redefinició i canvi**

1- Els models de corporativisme democràtic estan SOTMESOS A FORTES PRESSIONS des de la dècada dels vuitanta.

2- **Es van consolidar en la conjuntura econòmica expansiva de postguerra.** CORPORATIVISME FORDISTA i SOCIAL: condicions favorables per a l'intercanvi polític estable entre l'Estat i els grups d'interessos privats: objectius redistributius i de legitimació (Ex.: transició democràtica espanyola).

3- **Van resistir i es van redefinir en els anys vuitanta i noranta.** CORPORATIVISME COMPETITIU: generació de consens polític al voltant dels ajustos: reforma del mercat laboral, distribució de rendes, benestar.

4- **Ara per ara, hi ha problemes de pèrdua de funcionalitat.** DESACTIVACIÓ A LA CRISI (2008-2013). Crisi interna d'agents socials / descentralització de la negociació col·lectiva.

---

**Lectura 3.5. LES RELACIONS LABORALS ENTRE ORGANITZACIONS DE REPRESENTACIÓ D'INTERESSOS I L'ESTAT.**

**LA PERSPECTIVA NEOCORPORATISTA.**

La conjuntura de mitjans dels setanta (disminució de taxa de creixement econòmic, augment de la taxa d'atur, augment de la taxa d'inflació i nombrosos desequilibris macroeconòmics associats) va donar lloc al renaixement de l'interés pel corporativisme. Renaixement la fi del qual declarada, almenys per a Schmitter, era convertir el corporativisme en un paradigma alternatiu al pluralisme. No obstant això, el corporativisme té massa versions, i com assenyala Panitch (1980), es pot parlar del corporativisme com un camp d'estudi en si mateix, atés la manca d'acord sobre allò que el concepte fa referència realment:

> «És òbvia la considerable confusió que deu existir en un àmbit en què el concepte central és emprat de forma indiferent per a referir-se a un sistema econòmic o una manera de producció (feudalisme, capitalisme, socialisme... corporativisme), una forma d'estat (parlamentarisme, feixisme... corporativisme), i un sistema d'intermediació d'interessos (pluralisme, sindicalisme... corporativisme) (Panitch, 1980: 159).

Per tant, el corporativisme és un concepte polisèmic els mèrits del qual «no resideixen (...) en la capacitat teòrica sinó en la proximitat a la realitat específica a estudiar» (Köhler i Martin, 2005: 217). Això no obstant, aquest apartat se centra en les dues definicions predominants a la literatura: la primera, de Schmitter, emfatitza les característiques organitzatives particulars del sistema de representació d'interessos; la segona, de Lehmbruch, destaca el procés particular a través del qual s'elaboren certes polítiques públiques. Aquesta separació entre els dos conceptes de corporativisme s'oficialitza quan

Schmitter (1982) distingeix entre «neocorporativisme 1» (estructura de representació d'interés) i «neocorporativisme 2» (sistema de disseny polític).

Recentment, alguns autors, com ara Baccaro (2003), assenyalen que mentre que el procés d'elaboració de polítiques -concertació- és molt viu, com es posa de manifest a diversos països, principal, però no exclusivament europeus, el corporativisme com a estructura de representació d'interessos possiblement estiga mort. Per tant, el focus d'atenció s'ha desplaçat fent servir la terminologia de Schmitter, des del «neocorporativisme 1» al «neocorporativisme 2».

Per a Köhler (1995: 29) en l'àmbit de les relacions laborals a Espanya les teories del neocorporativistes «són els instruments analítics emprats amb més freqüència per a exposar les relacions industrials a l'Espanya postfranquista». Això és degut, entre altres raons, al període de concertació social entre el període 1977-1985 que serveix com a indici empíric de la generació d'estructures neocorporativistes.

*La perspectiva neocorporativista*

Com a punt de partida per a l'anàlisi del conflicte de treball des d'aquesta perspectiva o enfocament teòric cal destacar que el corporativisme es recolza en la premissa que «hi ha una forta interdependència entre els interessos dels grups socials a l'economia capitalista». Aquesta perspectiva basada en la imatge d'una societat d'interdependència d'interessos «està clarament oposada a una concepció de la societat des d'una perspectiva de conflicte d'interessos, la qual (com en el concepte marxista de conflicte de classe) accentua la incompatibilitat de demandes antagòniques» (Lehmbruch, 1974: 3). De la mateixa manera, suposa que la combativitat al mercat de treball no és necessàriament el mode d'acció més eficaç per als treballadors. Així, Goldthorpe (1984: 31) afirma que «els resultats empírics indiquen que la limitació al mercat de laboral unit amb la participació corporativista genera diferents avantatges per al treball, fonamentalment quant a la conservació d'elevats nivells d'ocupació».

Respecte a la conceptualització del terme (neo) corporativisme com a tipus ideal em remet a la definició clàssica de Schmitter, construïda explícitament com un paradigma alternatiu al pluralisme:

«El corporativisme es pot definir com un sistema de representació/intermediació d'interessos en què les unitats que el constitueixen estan organitzades en un nombre limitat de categories singulars, obligatòries, no competitives, ordenades jeràrquicament i funcionalment diferenciades, reconegudes o autoritzades (sinó creades) per l'Estat i a les quals se'ls garanteix un determinat monopoli de representació dins de les respectives categories, a canvi de practicar certs controls en l'elecció dels seus dirigents i en l'articulació de peticions i ajuts» (Schmitter, 1974:93-94; ací citat segons la traducció a l'espanyol de Sanz Menéndez, 1994:28).

Aquestes formes de representació d'interessos, limitades numèricament, no competitives, ordenades jeràrquicament i funcionalment diferenciades, tenen els seus màxims exponents a les organitzacions sindicals i a les associacions empresarials.

L'autor considera possible parlar d'un nou model d'ordre social amb la seua pròpia lògica d'acció i reproducció que no és possible de col·locar dins dels models predominants. Aquests models són identificats «per una institució central diferent, comunitat, mercat i Estat, les quals encarnen i defensen un principi axial característic: solidaritat espontània, competència dispersa i control jeràrquic, respectivament». En contraposició, Schmitter planteja que «les característiques d'un possible ordre associatiu-corporatiu, amb el seu principi rector de concertació organitzacional, poden diferir de les dels altres» (Schmitter, 1985: 63).

Un cop presentats els aspectes bàsics de conceptualització del corporativisme com a model d'intermediació d'interessos, ens centrem en un enfocament més operatiu per abordar l'estudi del conflicte de treball. D'aquesta manera, entre altres autors, Lehmbruch interpreta el corporativisme com un model de «participació social del treball organitzat i dels empresaris dirigida a regular el conflicte entre tots dos grups, en coordinació amb la política governamental (normalment en forma tripartida)» (Lehmbruch, 1984: 96, cursiva de l'original).

Atés que el grau de participació de les organitzacions de treballadors i empresaris en l'elaboració de polítiques governamentals és variable, Lehmbruch (1984) estableix una escala acumulativa que s'estén des del pluralisme fins al corporativisme fort en funció de la naturalesa de la participació sindical en l'elaboració de la política nacional. Per Lehmbruch (1984: 103-104) el pluralisme es caracteritzaria pel predomini de la política dels grups de pressió, el consell dels organismes governamentals i del parlament per part d'interessos fragmentats i en competència, i per un baix grau de participació efectiva dels sindicats a l'elaboració de la política. La segona posició de l'escala, corporativisme feble, es distingeix per la participació institucionalitzada del treball organitzat en la formació i implantació de mesures només dins de certs sectors limitats de la política o per la seua participació únicament en etapes específiques del procés polític –per exemple, consulta o implantació-. Tant amb el pluralisme com amb el corporativisme feble es restringeix al camp de la negociació col·lectiva; la negociació a l'esfera nacional o de la indústria no és gaire important, i, per tant, són difícils d'aplicar les polítiques de rendes concertades. A la tercera posició de l'escala el corporativisme mitjà es caracteritza per una participació sindical sectorial similar a la del corporativisme feble, però el camp de la negociació col·lectiva és en aquest cas més ampli i han trobat algun èxit temporalment els intents respecte a les polítiques de rendes concertades. Finalment, a la quarta posició el corporativisme fort es caracteritza finalment per la participació efectiva dels sindicats (i de les organitzacions empresarials) en l'elaboració i implantació de la política a totes aquelles àrees polítiques interdependents que són de crucial importància per gestionar economia. D'aquesta manera, als països de corporativisme forta la concertació dels principals interessos econòmics és una de les característiques més rellevants.

Sobre el paper de l'Estat en el procés, Schmitter (1991: 70) afirma que perquè es produïsca la concertació social és necessari, i fins i tot essencial, però no suficient, una acció de l'Estat. Sobre això planteja que l'Estat exerceix una funció entre mínima i màxima en aquest procés, amb una varietat real entre un país i un altre. La funció mínima és la del «fuet a la finestra», que simbolitza que les autoritats públiques només hi són presents indirectament i únicament tenen capacitat d'actuar si les associacions de treballadors i ocupadors no arriben a un acord o incompleixen els compromisos contrets. «Normalment, no es necessita, sinó que es deixa tan sols la vista a la finestra, per recordar, per dir-ho d'alguna manera, als interlocutors socials que, si no actuen de manera concertada, l'estat intervindrà per imposar-ne solució». En la seua funció màxima, l'Estat serveix com a «habilitat pagador de la concertació». Sent indispensable quan atorga compensacions a les parts a fi que moderen les seues posicions, siguen menys reticents a fer concessions i arriben a acords de manera autònoma. No obstant això, per atractiu que semble aquest estil d'intervenció, planteja problemes polítics molt greus atés que implica traslladar els costos de la concertació als contribuents. La tercera funció possible de l'Estat es troba a mig camí entre les dues anteriors, Schmitter l'anomena «funció mini-màx.». Consisteix en la legitimitat que atorga l'Estat en aprovar formalment un determinat acord de concertació en donar a «entendre l'opinió pública que aquest acord s'ajusta a l'interés general i satisfà en alguna mesura una necessitat pública real».

Finalment, cal assenyalar que, com planteja Lehmbruch (1984:105), la concertació corporativista pot tenir el seu origen als camps polítics específics com la política de rendes; però adquireix impuls i estabilitat on abasta un àmbit polític més ampli. D'aquesta manera, es pot condicionar la restricció salarial dels treballadors a una sèrie de compensacions específiques en matèria de política social.

*Limitacions*
Respecte a les limitacions del model corporativista per a l'anàlisi del conflicte, a primer lloc cal diferenciar entre la crítica al concepte i la crítica al model. Pel que fa a la crítica al concepte, cal assenyalar que l'ampli debat sobre la seua definició és realment un debat entre diferents marcs teòrics, en el qual les preferències normatives i ideològiques tenen un paper primordial. D'altra banda, alguns autors plantegen que el corporativisme segons va ser plantejat per Schmitter no suposa una ruptura amb el pluralisme sinó com una forma de replantejar el problema dins de l'òptica pluralista -una ordenació del pluralisme , perquè no abandona l'òptica dels grups d'interessos; com hem vist, el mateix Lehmbruch (1984) incorpora el pluralisme com el nivell més baix a la seua escala de corporativisme. Així mateix, de forma prèvia al «redescobriment» del corporativisme per Schmitter, autors pluralistes clàssics en la literatura de política comparada com Dahl (1966) i Rokkan (1966) ja parlaven de «pluralisme organitzat» i de «pluralisme corporatiu», respectivament; assenyalant els perills que suposa les negociacions a escala nacional entre ocupadors, sindicats i govern per a la democràcia electoral. No obstant això, Crouch (1983: 452) destaca un aspecte en què el corporativisme es diferencia «nítidament» del pluralisme. Per a aquest autor la característica diferencial del corporativisme «és que les organitzacions d'interessos constrenyen i disciplinen els seus membres pel bé d'un presumpte interés general».

Pel que fa a les crítiques al model, una de les crítiques més assídues és que el corporativisme crea un conjunt de normes i reglamentacions que en condicions econòmiques difícils es consideren rígides i inflexibles i que limiten les opcions de les empreses per adaptar-se a les condicions del mercat (Streeck, 1991). D'altra banda, des de la perspectiva marxista s'associa els orígens del corporativisme modern a les democràcies liberals avançades amb l'intent de contenir la fortalesa política i econòmica adquirida per la classe obrera després de la victòria política que va suposar la plena ocupació al final de la Segona Guerra Mundial. D'aquesta manera, segons Panitch:

«Les estructures corporativistes, en forma d'organismes per a la planificació econòmica i la política de rendes, implicaven la integració dels sindicats a l'elaboració de la política econòmica a canvi de la seua incorporació als criteris del creixement capitalista a la política salarial sindical i la seua administració de la limitació salarial dels seus membres» (Panitch, 1980: 174).

Així mateix, Panitch assenyala que el paper de l'Estat en aquestes estructures és determinat
per la seua necessitat fomentar el creixement econòmic facilitant l'acumulació de capital. El resultat final, encara que el seu abast depén del balanç de forces entre classes a cada societat, està marcat per desequilibri entre el rendiment polític obtingut pels sindicats i la restricció salarial practicada; a causa d'això, eventuals rampells de militància en forma de vagues no oficials o l'elecció de nous líders sindicals porten els sindicats a desconnectar-se, almenys temporalment, de la cooperació activa a les estructures corporatives. Per això, la inestabilitat d'aquestes estructures. Per tant, des de la perspectiva marxista el corporativisme és considerat com «una ideologia dissenyada per assegurar l'harmonia enmig del conflicte de classes» (Pinatch, 1980: 176).

Tot i que molts autors des de la perspectiva marxista consideren que els acords corporativistes beneficien el capital, en la mesura que funcionen essencialment per regular els salaris, i no els beneficis, assegurant uns increments moderats dels mateixos i, per tant, són els ocupadors, i no els treballadors, els qui més se'n beneficien;

els autors que han centrat la seua anàlisi als països nòrdics, com Korpi i Shalev (1979), opinen que quan es fa un control permanent del govern per partits d'esquerres aquests acords beneficien la classe obrera. Aspecte que ens permet connectar amb la teoria de l'intercanvi polític sobre l'evolució a llarg termini de l'activitat vaguística.

*Referències Bibliogràfiques*

Baccaro, L. (2003): "What is Alive and What is Dead in the Theory of Corporatism", *British Journal of Industrial Relations*, 41:4 December, pp. 683-706.

Crouch, Colin (1983): «Pluralism and the new corporatism: a rejoinder», *Political Studies*, 31 (3): 452-460.

Dahl, R. A. (Ed.) (1966): P*olitical oppositions in western democracies, New Haven and London:* Yale University Press.

Goldthorpe, J. H. (1984): *Order and Conflict in Contemporary Capitalism*, The Social Research Council (USA).

Köhler, H.D. (1995): E*l movimiento sindical en España. Transición democrática. Regionalismo. Modernización económica*, Madrid: Editorial Fundamentos.

Köhler, H.D. y Artiles A.M. (2005): *Manual de Sociología del Trabajo y de las Relaciones Laborales*, Delta Publicaciones, Madrid.

Korpi, Walter y Shalev, Michael (1979):"Strikes, industrial relations and class conflict in capitalist societies", *British Journal of Sociology*, Volume 30, No. 2, June, pp. 164-187.

Lehmbruch, G. (1974): "Consociational Democracy, Class Conflict, and the New Corporatism" Paper presented at the Round Table "Political Integration", International Political Science Association, Jerusalem, Sept. 9-13, 1974. Reprinted in: Schmitter y Lehmbruch (eds.) (1979): *Trends toward corporatist intermediation.* Sage: London, pp. 53-61.

Panitch, L. (1980): «Recent theorizations of corporatism: reflections on a growth industry», *British Journal of Sociology*, 31 (2): 159-187.

Rokkan, Stein (1966): «Norway: numerical democracy and corporate pluralism», en Dahl (Ed): *Political oppositions in western democracies*, New Haven and London: Yale University Press, 70-115.

Schmitter, P. C. (1982): «Reflections on where the theory of corporatism has gone and where the praxis of neo-corporatism may be going», en Lehmbruch y Schmitter (eds.): *Patterns of Corporatist Policy-Making.* London: Sage, 259-90.

Schmitter, P. C. (1985[1985]): "Neocorporatismo y Estado", *Revista Española de Investigaciones Sociológicas,* n, 31, pp. 47-78

**Resum: ¿Com funcionen les relacions laborals?**

| | FUNCIONALISME | (NEO)MARXISME | PLURALISME | CORPORATIVISME |
|---|---|---|---|---|
| **TIPUS DE CONFLICTE** | Tendeix naturalment a l'estabilitat (harmonia) | Irreversible | Natural i endèmic (no insalvable) | Eixida negociada i eficaç al conflicte |
| **CARÀCTER** | No estructural (superficial, conjuntural) | Estructural (antagonisme de classe) | Condicions d'ocupació (no antagonisme de classe) | Diferents varietats segons context |
| **UBICACIÓ** | Extern | Intern (divisió de classes, relacions de treball) | Diversitat d'interessos (factors industrials, rols) | Manté grups d'interessos. |
| **RESPOSTA** | Produir normes (resposta unitària: crear ideologia) | Institucionalización (negociación colectiva) | Pràctica, no normes. Actors col·lectius (bipartit) | Corresponsabilitat d'actors i Estat (determinació de polítiques) |

# Tema 3. Sindicats i Sindicalisme

## 3.1. El Sindicat

### 1- ¿Què és un sindicat?

"***L'estructura organitzativa per a la representació col·lectiva dels interessos dels treballadors*** *en els seus intercanvis amb l'ocupador individual i les seues estructures de representació col·lectiva i amb l'Estat*" (Baylós, 2012).

**La forma d'organització col·lectiva dels treballadors en l'era industrial.**

- ¿Continua sent vàlid aquest model d'organització col·lectiva dels interessos dels treballadors?

- ¿Per què diem que els sindicats es troben en crisis?

  ✓ Problemes d'estabilitat relacionats amb la crisi de l'ocupació industrial i l'emergència de noves formes de treball postindustrial

### 2- Caràcter dual

- o **Poder sobre els afiliats:**
  - Identitat comuna;
  - Rituals col·lectius;
  - Autoritat moral i legitimitat: democràcia interna: estatuts, congressos, assemblees.
  - 
- o **Poder per a:**
  - Objectius dels sindicats.
  - Decisions autònomes respecte a les bases.

### 3- ¿Organització o moviment?

- **Moviment**:
  a. Espontani;
  b. Planteja desafiaments col·lectius;
  c. Té objectius comuns;
  d. Tenen llaços de solidaritat;
  e. Interactuen amb altres actors socials.

- **Organització:**
  a. Estructures estables i permanents;
  b. Racionalitzar estratègies d'acció;
  c. Llarg termini.

### 4- ¿Què és un sindicat?. Altra definició

ÉS UNA ESTRUCTURA DE PODER COMPENSADORA.
- ✓ Reequilibri de la capacitat més gran de l'ocupador per a determinar les condicions de treball.

CHRIS HOWELL (2005). **El sindicat orienta les seues pressions cap a:**

(a) **El mateix ocupador**, en els processos de negociació col·lectiva -> aconseguir millores en les condicions de treball dels seus representats.

(b) **L'Estat,** influint sobre la regulació laboral de manera formal (institucionalitzada) i informal *(lobbying).*

### 5- ¿Per a què serveix?

**PERSPECTIVA RESTRICTIVA:** intenta **compensar l'asimetria de poder entre l'ocupador i els empleats**, a través de l'afiliació i l'acció col·lectiva.

L'àmbit d'actuació sindical és ESTRICTAMENT ECONÒMIC. El sindicat representa els interessos dels treballadors en la **negociació col·lectiva.**

Definició adequada en models nacionals de RRLL en què **el sindicat només té competències de representació laboral en la determinació de les condicions del treball (model pluralista dels països anglosaxons).**

**PERSPECTIVA ÀMPLIA:** és, a més, un **grup d'influència pública.**

Participa en la determinació de les polítiques socioeconòmiques i en la producció de regulació.

✓    Combina formes d'influència institucional o formal (*diàleg social)* i informal (*pressió indirecta*) -> Howell.

En aquesta concepció, **té una orientació ideològica**, que comparteixen els seus afiliats. **Es constitueix en un ACTOR SOCIOPOLÍTIC.**

### 6- ¿Com s'organitza un sindicat?

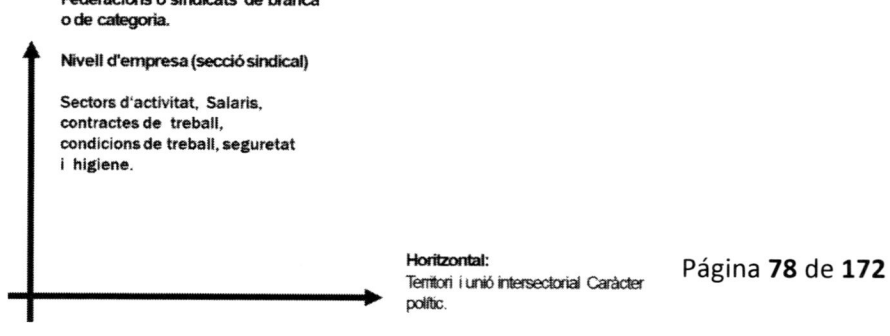

## Estructura sindical

**Vertical:**
Federacions o sindicats de branca o de categoria.

Nivell d'empresa (secció sindical)

Sectors d'activitat, Salaris, contractes de treball, condicions de treball, seguretat i higiene.

**Horitzontal:**
Territori i unió intersectorial Caràcter polític.

# Sistema Mixt

**Vertical:**
Federacions o sindicats de branca o de categoria.

Nivell d'empresa (secció sindical)

Sectors d'activitat, Salaris, contractes de treball, condicions de treball, seguretat i higiene.

Canal únic: sindical.
Models voluntaristes (anglosaxons i escandinaus).

Doble canal: sindical i unitari.
Models institucionalitzats (mediterrani i germànic).

Comité d'empresa:
Tots els treballadors dins de l'establiment autònom.
Mandat de la negociació col·lectiva

Nivell d'empresa (secció sindical)

**Horitzontal:**
Territori i unió intersectorial Caràcter polític.

Les organitzacions sindicals (de caràcter transversal i d'àmbit nacional) combinen una DOBLE LÒGICA D'ESTRUCTURACIÓ INTERNA:

(1)     Per COBERTURA DE TERRITORI. S'articula de manera confederal -> **lògica organitzativa horitzontal.**

✓ Representen els interessos del conjunt de treballadors d'una determinada ciutat/comarca, regió o país.

Estructures sindicals de caràcter CONFEDERAL (*agrupen diverses federacions o sectors*).

✓ Orientades fonamentalment a la **participació política en l'àrea pública.**
✓ Assumeixen **funcions de coordinació.**
✓ Vehiculen la participació directa o indirecta del sindicat en la determinació de les **polítiques públiques.**

**La coordinació de la negociació col·lectiva (eix horitzontal)** tracta sobre els mecanismes a través dels quals s'estableix la **pauta salarial** per al conjunt de l'economia.
 •    Als països del model continental i escandinau, preval la coordinació **promoguda per les cúpules sindicals** i el **conveni de la metal·lúrgia** estableix la pauta per a la negociació de la resta de sectors. El grau de coordinació als països escandinaus és elevat i als continentals mig elevat.

 •    **Als models pluralistes (anglosaxons)** on predomina l'autoregulació descentralitzada als centres de treball (nivell d'empresa) **pràcticament no hi ha mecanismes de coordinació.**

 •    Als **països de l'àrea del Mediterrani**, la coordinació es duu a terme per mitjà **d'acords tripartits i bipartits per a la negociació col·lectiva**. S'estableix l'obligació de negociar, però aquests acords no són vinculants "*pacte de cavallers*". La coordinació és mig baixa. A Espanya és intermèdia, per mitjà dels ACORDS INTERCONFEDERALS PER A LA NEGOCIACIÓ COL·LECTIVA.

(2)   Per COBERTURA SECTORIAL. El sindicat afilia als treballadors d'un determinat sector o branca industrial des d'una **lògica organitzativa vertical.**

Les FEDERACIONS SINDICALS orienten la seua activitat cap a aspectes més **vinculats a les condicions econòmiques i d'ocupació dels treballadors** (*negociació col·lectiva*).

També compleixen una **funció intermediadora entre el sindicat i les estructures de representació a escala d'empresa**: comité d'empresa / secció sindical.
La relació entre tots dos nivells és complexa.

**Estructura de la negociació col·lectiva:** fa referència a les pautes i les formes en què s'organitza la negociació col·lectiva, és a dir, fa referència a:

1. **El nivell que predomina a la negociació col·lectiva** (empresa, sectorial o intersectorial);

2. **L'articulació de la negociació col·lectiva (eix vertical)** amb convenis d'altres nivells: ¿Quin predomina el conveni d'empresa o el sectorial?

   - L'articulació entre els convenis pot ser **sistemàtica**, és a dir, *jeràrquica i complementària* (el conveni de sector és el marc dins del qual s'especifiquen els convenis d'empresa), (models escandinaus i continentals i, en un grau més baix, el mediterrani) o;

   - **No-jeràrquica i no-sistemàtica** (la relació entre els convenis és informal o extralegal) (model pluralista anglosaxó).

## 3.2. Models de sindicalisme

**El moviment sindical és altament divers.**
   ✓ Adaptació al marc jurídic de RRLL o al model productiu.
   ✓ Criteris històrics, ideològics i culturals.

TRES CRITERIS d'identificació dels diferents tipus de sindicats:

   - ¿Quins treballadors afilia? **(lògica d'afiliació)**: (1) sindicats d'ofici; (2) de classe; (3) d'empresa; i (4) professionals.

   - ¿Quina estratègia tenen? ¿Com conceben el conflicte i l'acord? **(lògica d'actuació)**: (1) sindicats d'oposició; (2) adversarials; (3) de concertació o control.

   - ¿Quines són les seues **fonts de poder i de legitimitat? ¿Cap a on** s'orienten?

### 3.2.1. Sindicats segons la seua lògica d'afiliació

1- SINDICATS D'OFICI: model transicional d'organització laboral en les RRLL desregulades de la **Primera Revolució Industrial**. (**model anglosaxó**)

Representen a **treballadors amb una certa capacitat de negociació** en la determinació de les condicions de contractació i de treball: una **certa herència gremial i de tancament social de les professions.**

**Afilia a una minoria de treballadors qualificats**: 'artesans' en l'entorn industrial (tipògrafs, sastres).

És un **primer sindicalisme industrial exclusivista**: col·lectius de treballadors valuosos, no substituïbles i amb elevada capacitat de negociació "*aristocràcia obrera*".

Alguns EVOLUCIONEN cap a altres formes sindicals

**Les característiques del sindicalisme d'ofici són:**

1. La integració dels treballadors en una **tradició professional.**

2. La lluita pel manteniment i millora de les condicions salarials i d'ocupació mitjançant la **limitació de nombre d'aprenents** que formen els assalariats qualificats.

3. Acords dels sindicats amb els ocupadors per a ocupar únicament treballadors sindicats rebutjant treballar amb els treballadors no sindicats (***closed shop***).
4. Com que no accepten els sindicats d'ofici l'entrada d'assalariats no qualificats, aquests hauran d'organitzar-se en sindicats generals formant un **sistema fragmentat i pluralista**.

5. La major part dels sindicats **releguen l'acció política** a un segon pla respecte a la seua major preocupació per la negociació col·lectiva, el que distingeix la seua actuació de la dels sindicats europeus, sobretot, del centre i sud d'Europa.

6. La lògica d'acció dels sindicats d'ofici derivat al caràcter voluntarista de les relacions laborals és **presentar un elevat poder estructural (de mercat i producció elevat) i associatiu (presència afiliativa)** per pressionar l'ocupador (per exemple amb vagues) perquè reconega el sindicat com a interlocutor vàlid per a la negociació col·lectiva. Per això, els sindicats d'ofici presenten **solidaritat interna (mutualitats) proporcionant prestacions per desocupació o durant el període d'inactivitat per vaga** als seus treballadors afiliats, per tal de poder prolongar la pressió cap a l'empresa.

2- SINDICATS DE CLASSE: substitueixen progressivament al model anterior. Es converteixen en el model d'organització col·lectiva dels interessos laborals coherent amb el sistema de producció industrial (**model del Mediterrani**).
✓ Noves condicions productives.
✓ Racionalització i desqualificació del procés de treball.

Respon a l'**HOMOGENEÏTZACIÓ DEL COL·LECTIU OBRER** i la conformació d'interessos no fragmentats per qualificació o categories professionals.

El seu objectiu estratègic és representar els interessos de **TOTS ELS TREBALLADORS.**

| Sindicats DE CLASSE. Altres característiques | |
|---|---|
| **AFAVORIDA PER L'ESTRUCTURA FÍSICA DE LA PRODUCCIÓ INDUSTRIAL** | • Substitució de xicotets tallers per **fàbriques de gran grandària.**<br>• Centres de treball amb un alt volum d'ocupació.<br>• Possibilitats d'organització i de mobilització ràpides. |
| **FUNCIONS D'ESTABILITZACIÓ PER A L'OCUPADOR** | • **Progressiu reconeixement com a interlocutor necessari** (gestió col·lectiva de les RRLL – control dels afiliats).<br>• **Procés de racionalització** de la contractació col·lectiva per a l'estabilització de la producció en massa. |
| **ES REORIENTA CAP ALS PODERS PÚBLICS.**<br><br>**CÀRREGA IDEOLÒGICA** | • Adquisició de consciència social.<br>• Evoluciona fins a convertir-se en **representant dels interessos dels treballadors també en l'espai polític.**<br>• **Vinculació més o menys estreta amb partits polítics**: doble representació, econòmica i política. |

3- SINDICALISME D'EMPRESA: característic de les RRLL als països industrialitzats de l'àrea ASEAN (*el Japó, Corea, Taiwan*).

Concepció de l'empresa com una comunitat o família extensa. No sols intercanvis econòmics: **reciprocitat i lleialtat**
✓ *rōshi kyōgi* (deliberació o consultes entre empleats i ocupador).
✓

Des dels anys vuitanta s'importa aquest model de sindicalisme cap a les RRLL occidentals, amb importants diferències -> **¿Sindicats grocs?**

**Perspectiva unitarista**

| Sindicats D'EMPRESA. Altres característiques. | |
|---|---|
| **FORTAMENT CONDICIONATS PEL MODEL D'OCUPACIÓ** | • Importància de les qüestions de **cultura corporativa.**<br>• **Dificultats per a separar la representació dels interessos de l'ocupador i dels empleats.** |
| **IMPORTANCIA DE LAS TRANSACCIONES SOCIALES** *(junto a las estrictamente económicas).* | (1) Intercanvi entre **seguretat del treball a canvi de lleialtat** (*ocupació vitalícia i carrera professional – Zaitbatsu*);<br>(2) remuneració i promoció vinculades a **l'antiguitat**<br>(3) **acatament estricte de jerarquies** en les negociacions (*ritualització i autoritat*). |
| **ORIENTACIÓ GENERALISTA O TRANSVERSAL** | Tractament inespecífic dels treballadors, independentment de la seua qualificació, categoria professional o funció (**objectiu de representació de tots els treballadors de l'empresa**). |
| **ORIENTAT EXCLUSIVAMENT A LES RRLL** | • Sense voluntat de transcendència social o política.<br>• **No participació directa o indirecta en la presa de decisions públiques.** |

4- SINDICALISME PROFESSIONAL.

- Defensa la representació directa dels interessos dels treballadors segons la seua **categoria professional i qualificació** (*model escandinau i centreeuropeu*).

- **Sindicalisme centralitzat en quadres professionals**, separats entre treballadors de <u>coll blau, coll blanc i professionals i administració pública.</u>

- **Sindicalisme en un model corporatiu** de cooperació i consens en l'elaboració de polítiques públiques…

- Però, amb **una certa lògica competitiva davant altres col·lectius de treballadors** amb interessos diferents.
  - Exemple: L'erosió dels pactes bàsics de solidaritat a Suècia.

### 3.2.2. Sindicats segons la seua lògica d'actuació

### 1- Sindicats d'Oposició

**D'origen revolucionari:**
  - ✓ Sorgeix en països d'industrialització tardana.
  - ✓ <u>La seua evolució, es vincula als programes polítics dels pensadors marxistes i anarquistes</u>*(ES, IT, RU – també FR).*

Objectiu: subversió de l'ordre productiu i social capitalista.

Interpretació MARXISTA del conflicte i les RRLL.
  - ✓ **Sindicalisme de forta càrrega ideològica Minoritari?**
  - ✓ *Depén: CGT o CNT - ES / CGT – FR*

| Corrents històrics del SINDICALISME D'OPOSICIÓ | |
| --- | --- |
| SINDICALISME MARXISTA | **Corretja de transmissió** de les directrius revolucionàries del partit polític obrer: supeditat a la seua estratègia *(Marx / Lenin).* |
| SINDICALISME ANARCOSINDICALISTA | Avantguarda organitzativa de la classe obrera: sense participació en el joc polític 'burgés'. <br>**Lluita revolucionària i acció directa** *(Proudhom / Bakunin).* |

## 2- Sindicats Adversials

Propi de les RRLL pluralistes anglosaxones. **Conflicte no estructural.**
**Sindicalisme associatiu i de mobilització no subversiva.**
- ✓ Orientació no revolucionària cap a les RRLL: sense càrrega ideològica.
- ✓ Canalitzar a través de la negociació col·lectiva.
- ✓ Alta diversitat organitzativa: múltiples sindicats en competència.

### Acció sindical restringida a l'àmbit d'empresa
- ✓ Participació política com a responsabilitat dels partits, no dels sindicats.
- ✓ Preocupació per la defensa dels interessos dels seus afiliats al centre de treball.
- ✓ Particularitats del sistema de negociació col·lectiva (sense clàusula *erga omnes*).

## 3- Sindicats de Control

Característic dels països de l'Europa continental i escandinava. Diferents varietats de **corporativisme democràtic.**

Consens interclassista d'acceptació de l'ordre productiu Capitalista.
- ✓ **No revolucionari:** es renuncia al discurs marxista.

Objectiu: repartiment equilibrat dels beneficis econòmics des d'una **perspectiva redistributiva.**

Introducció del **control democràtic** sobre la capacitat de l'ocupador per a determinar les condicions de treball.

**No responen a ideologies.**

Actuació cap a l'empresa i les RRLL: **cogovernança** de les RRLL (codeterminació /drets d'informació i consulta).

Actuació cap a l'àmbit públic supraempresarial i l'activitat política: responsabilitats de **coregulació** a través de la negociació col·lectiva.

Organitzacions sindicals com **a proveïdores directes de serveis** de benestar als seus afiliats.
- ✓ Promocions d'habitatge.
- ✓ Préstecs.
- ✓ Intermediació en les prestacions per desocupació **"Sistema Ghent":** DIN, FIN, ISL, SUE + BEL mixt.

**Models de Sindicalisme: Resum**

| Sistema | Lògica d'afiliació | Lògica d'actuació |
|---|---|---|
| Anglosaxó | Predomina el sindicalisme d'ofici "qualificats" | Adversial:<br>No polític<br>Descentralitzat al centre de treball |
| Mediterrani | Predomina el sindicalisme de classe "tots els treballadors" | Oposició:<br>Polític.<br>Conflicte centralitzat. |
| Escandinau i Centreeuropeu | Predomina el sindicalisme professional "grans grups professionals" | Control:<br>Polític.<br>Consens centralitzat.<br>Corporativisme centralitzat i fort.. |

### 3.2.3. Fonts de poder i legitimitat sindical

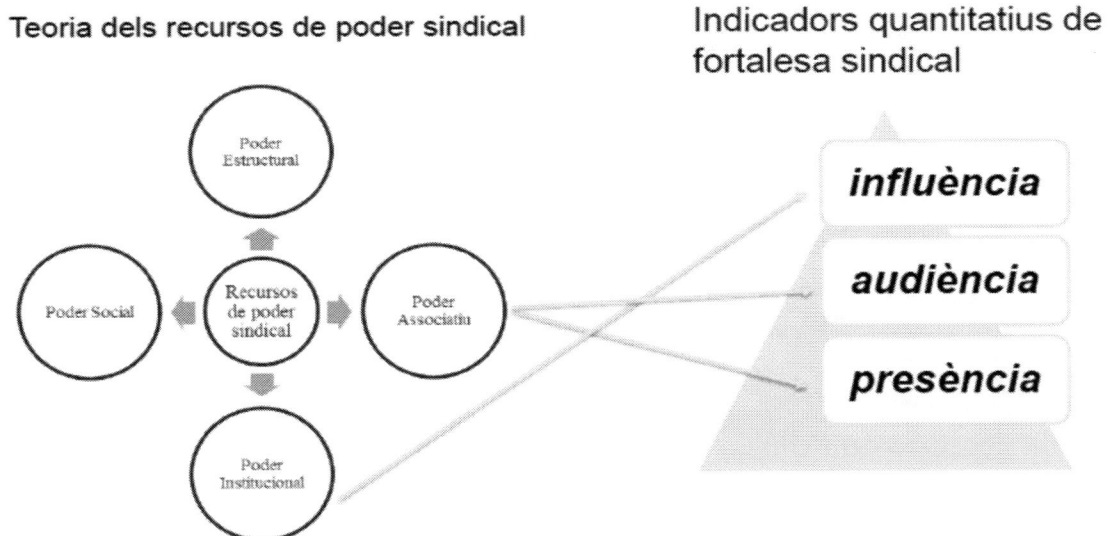

1- El **poder estructural** fa referència a la posició dels assalariats en el sistema econòmic. Es tracta d'un recurs de poder primari en la mesura que no requereix afiliació sindical, sinó a la seua capacitat per a interrompre o limitar el benefici del capital, és a dir, és un poder disruptiu.

El poder estructural es pot dividir alhora en **poder de producció i poder de mercat:**

o El **poder de producció** depén de la posició dels treballadors i empleats en el procés productiu. Els treballadors poden tindre competències genuïnes en el mercat de treball, cosa que els permet tindre més capacitat de negociació i de mobilització.

o El **poder de mercat** fa referència a l'estructura del mercat laboral. D'aquesta manera, un mercat amb treballadors estables, especialitzats en sectors productius d'alt valor afegit, amb taxes elevades d'ocupació i amb contractació estable fa que augmente el poder d'estructural. No obstant això, l'especialització productiva en sectors precaris, amb elevades taxes d'atur i temporalitat fa que el poder estructural siga menor.

o **Alguns autors parlen d'un tercer poder de circulació.**

**¿Com afecta el poder estructural al poder associatiu?**

Existeix factors ***micro contextuals*** (altes taxes de desocupació, contractació temporal a temps parcial, reduïda antiguitat o elevada rotació i baixos salaris), ***micro estructurals*** (segmentació o subcontractació empresarial) i ***macro contextuals*** (recessió econòmica, globalització o digitalització) que erosionen el poder estructural dels sindicats (feble posició de la classe treballadora en el mercat de treball) i soscaven la capacitat d'organització i activisme sindical (poder associatiu).

- Major poder de producció (exemple: Digitalització) = Major poder estructural.

- Menor poder de mercat = Menor poder estructural.

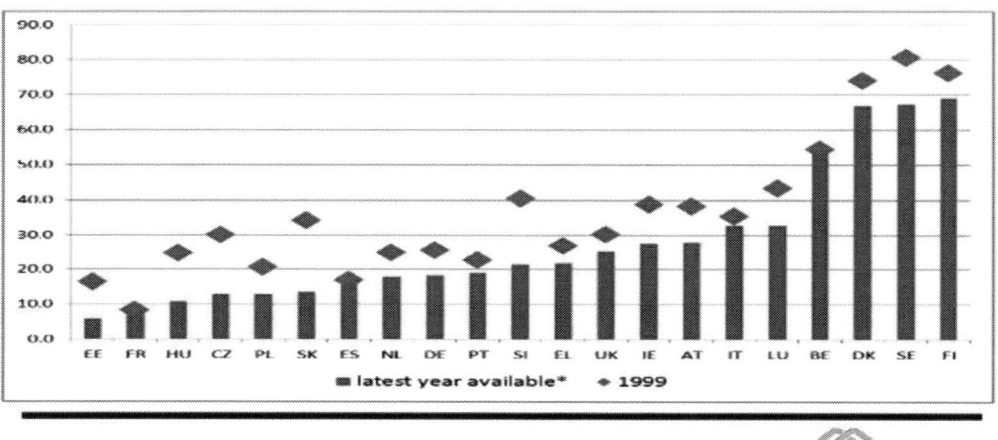

*Font:* Eurofound, 2017

2- **El poder social** pot ser dividit en dos subtipus. D'una banda, trobem el **poder de coalició, col·laboració o cooperació** i, d'altra banda, el **poder discursiu o comunicatiu.**

- El primer de **col·laboració**, fa referència a la **capacitat dels sindicats per a col·laborar i fer xarxes de cooperació amb la societat civil i els nous moviments socials.** Tot i tenir un potencial elevat de revitalització les col·laboracions amb els nous moviments socials, s'identifiquen barreres i tensions entre tots dos col·lectius. Mentre que els sindicats tenen una posició i legitimació hegemònica dins de les institucions, els moviments socials emergeixen moltes vegades del malestar de la societat civil per la manca d'activisme sindical. Exemples de les oportunitats de revitalització, però també, de l'amenaça de quedar-se desplaçats pels novismes en el cas espanyol els trobem en moviments com per exemple, el 15M, els indignats o les Marees ciutadanes.

- El segon, el **poder discursiu o comunicatiu**, fa referència en la capacitat dels sindicats per a influir amb èxit en els discursos polítics i, fins i tot, arribar a la societat general, també denominat com a poder estratègic. Així doncs, la **capacitat estratègica dels sindicats en l'elaboració de discursos que penetren en la societat civil** és vital per a la revitalització i desenvolupament de les capacitats sindicals.

## ¿Com afecta el poder social al poder associatiu?

Existeixen **factors micro i macro estructurals** associats al poder social dels sindicats que afecten el poder associatiu.

- Pel que fa als **factors micro,** hi ha una menor afiliació sindical entre les dones, els joves, els emigrants, els treballadors de "coll blanc" i del sector serveis. Aquests resultats mostren certa incapacitat dels sindicats per adaptar el discurs als canvis de l'estructura ocupacional des del paradigma industrial cap a la terciarització del teixit productiu.

-

- Pel que fa als **factors macro**, també s'han identificat barreres en la capacitat discursiva dels sindicats associats al viratge de la societat civil cap al capitalisme i la predominança dels valors individuals sobre els col·lectius. Aquests canvis culturals han modificat les lògiques afiliatives. Als anys seixanta, la classe treballadora s'afiliava al sindicat per **raons ideològiques i identitàries** (proximitat de valors i propostes d'organització) mentre que **ara per ara segueixen una lògica instrumental i pragmàtica.**

---

**Lectura T3.1. EN DEFENSA DEL SINDICALISME**

Article d'opinió publicat en Tribuna d'El País, 25/09/2010

Com a analistes universitaris en l'àmbit de la Sociologia del Treball i de les Relacions Laborals, assistim amb preocupació a una campanya sistemàtica de deslegitimació del sindicalisme per part d'una dreta política i mediàtica que, si fins fa poc impugnava la seua estratègia dialogant i negociadora, titllant-la de pactista i domesticada, ara eleva el to contra les seues convocatòries reivindicatives i mobilitzadores.

No es tracta, lamentablement, de reflexions o propostes sobre els efectes de la crisi econòmica i el canvi ocupacional en el mercat de treball, les relacions laborals i els agents que participen en aquestes; ni d'una avaluació crítica dels seus resultats, identificació dels seus límits i elaboració d'alternatives; sinó d'un discurs desqualificador que, més enllà del seu biaix ideològic i formes desbrides, apunta contra les bases mateixes de la legitimitat constitucional dels sindicats i les seues funcions de regulació i defensa dels assalariats, en el marc d'unes relacions laborals asimètriques.

La combinació de vells regusts reaccionaris amb el doctrinarisme neoconservador genera una imatge distorsionada del sindicalisme real, caricaturitzat com a anacrònic, disfuncional, no representatiu i molt allunyat dels seus homònims europeus. Es tracta de justificar així iniciatives i pràctiques orientades a reduir drets i ampliar desigualtats socials.

La realitat del modern sindicalisme és, no obstant això, molt més complexa i la seua anàlisi rigorosa ens permet constatar tant les seues dificultats per a l'agregació i intermediació d'interessos d'una classe treballadora cada vegada més fragmentada i plural, com l'important procés de renovació de les seues estructures, estratègies i programes d'intervenció que la majoria de les institucions europees, i fins i tot dels empresaris, valoren positivament.

En l'àmbit europeu, els seus quasi 60 milions d'afiliats, fan del sindical el moviment més gran organitzat de la UE-27, el protagonisme de la qual en la construcció i defensa del model social ha sigut i continua sent decisiu, com reconeixen totes les instàncies comunitàries. Segons els últims informes oficials de la Comissió Europea, la taxa mitjana d'afiliació sindical és del 25,1%, percentatge que es doblega a través de la representació electoral en els centres de treball i triplica per la cobertura de la negociació col·lectiva.

Cal destacar, referent a això, l'existència d'una significativa correlació positiva entre els nivells de sindicalització i els de competitivitat econòmica i cohesió social, com demostra el cas dels països escandinaus, l'alt nivell dels quals de desenvolupament tecnològic i productiu es correspon amb taxes d'afiliació superiors al 70% i una participació sindical consolidada, tant en l'àmbit empresarial com institucional. I és que, definitivament, un sindicalisme fort no resta, suma.

Malgrat el seu tardà reconeixement legal (article 7 de la Constitució de 1978), el sindicalisme espanyol ha realitzat importants aportacions al desenvolupament democràtic, socioeconòmic i institucional del nostre país, havent experimentat en les dues últimes dècades una notable expansió quantitativa i renovació qualitativa, amb la conseqüent convergència amb els principals indicadors comunitaris en la matèria: des de 1990 ha duplicat el nombre d'afiliats, fins a superar àmpliament els tres milions d'adscrits, la qual cosa suposa una taxa mitjana del 19,9%, segons l'última enquesta del Ministeri de Treball.

Aquesta rellevant presència afiliativa es complementa amb l'audiència electoral que, segons el marc legal regulador de les relacions laborals al nostre país, confereix a les eleccions sindicals en els centres de treball, la funció de determinar la interlocució dels treballadors i legitimar la representativitat dels sindicats.

En l'actualitat són al voltant de 340.000 els delegats triats en les empreses, representant directament al 52,8% del total de la població assalariada (el que equival a més de huit milions de persones), i indirectament al conjunt dels treballadors, conforme al procediment legal d'irradiació electoral.

Així doncs, la intervenció del sindicalisme espanyol acredita una legitimitat d'origen inqüestionablement democràtica, puix que són les eleccions les que determinen la representació legal dels treballadors tant en les empreses (per a la regulació i seguiment de les relacions laborals en aquest àmbit), com en l'àmbit sectorial (negociació col·lectiva) i institucional (diàleg social), la qual cosa amplia considerablement l'àrea d'influència sindical.

Al nostre país la negociació col·lectiva és d'eficàcia erga omnes, la qual cosa implica que la pràctica totalitat dels treballadors té regulades les seues condicions laborals bàsiques per convenis negociats pels sindicats representatius, i això exigeix, entre altres coses, una considerable inversió de recursos econòmics i humans: com ara els 26.000 experts sindicals que intervenen anualment en la negociació col·lectiva, els més de 100.000 delegats de salut laboral que s'ocupen de la seguretat i prevenció de riscos en les empreses, els 340.000 delegats que assumeixen la interlocució i defensa quotidiana dels treballadors dins i fora dels seus centres, la qual cosa reforça la legitimitat d'exercici de la funció sindical.

Convé precisar referent a això, com a rèplica a la demagògia antisindical sobre els mal anomenats alliberats, que segons l'Enquesta Europea a Empreses de 2009, els recursos de representació al fet que tenen accés els delegats sindicals espanyols són molt inferiors als dels seus homòlegs europeus, tant en formació ad hoc com en la quantitat i qualitat de la informació que reben de les seues empreses i, especialment, en el temps disponible per a l'exercici de les seues funcions representatives que, en el cas espanyol, és quatre vegades inferior a la mitjana europea.

Considerem doncs que, més enllà d'insuficiències concretes i possibles errors, el sindicalisme mereix el reconeixement general per la seua gestió quotidiana en defensa dels treballadors i per la seua contribució institucional a la modernització de les nostres relacions laborals, especialment ara quan els estralls de la crisi fan més necessària que mai la seua intervenció per a l'agregació i representació d'interessos, la gestió del conflicte i la recuperació del diàleg social, fins al punt que si no existiren, caldria inventar-los.

Pere J. Beneyto (Profesor de la Universidad de Valencia), Ramón Alós (Profesor de la Universidad de Barcelona) y Juan José Castillo (Profesor de la UCM). Lo suscriben también, Carlos Prieto (UCM), Enric Sanchis (UV), Pere Jódar (UPF) y Antonio Martín, Fausto Miguélez, Albert Recio y Teresa Torns (UAB)

3- El **poder associatiu** fa referència, en termes generals, a la **taxa d'afiliació sindical**, és a dir, a la voluntat de pagar dels membres aportant recursos humans i financers a un sindicat. Però també fa referència a:

- Requereix un **procés d'organització i creació d'institucions col·lectives** de representació d'interessos agregats, és a dir, la creació de sindicats, que a més, han de desenvolupar estratègies organitzatives.

- El poder associatiu no fa només referència a la voluntat de pagar dels seus membres (afiliació sindical) sinó també a la seua **participació (voluntat d'actuar)** i tenir un paper actiu en les mobilitzacions.

Pel que fa a **les variables i indicadors** que poden permetre calibrar a Europa el nivell de representació i, per tant, el **poder associatiu**, podem distingir entre:

a.    Els països en els quals predomina un **sistema de representació directe** denominant *presència*, és a dir, del nombre de treballadors afiliats a les organitzacions sindicals (taxa d'afiliació / densitat sindical).

b.    Altres països donen prevalença a l'abast de la **representació indirecta** mitjançant el vot dels assalariats a través d'eleccions democràtiques per a triar els seus representants, i llavors es parla *d'audiència electoral.*

| PAÍS | AF. | REP. | PAÍS | AF. | REP. |
|------|-----|------|------|-----|------|
| **Model Escandinau** | | | **Model Anglosaxó** | | |
| Finlàndia | 74 | 70 | Regne Unit | 26 | 16 |
| Dinamarca | 67 | 80 | Irlanda | 31 | 28 |
| Suècia | 70 | 54 | Malta | 51 | 14 |
| **Model Germànic** | | | Xipre | 55 | 33 |
| Alemanya | 18 | 22 | **Model Oriental** | | |
| Àustria | 28 | 25 | Bulgària | 20 | 26 |
| Bèlgica | 50 | 54 | Txèquia | 17 | 12 |
| Holanda | 20 | 55 | Eslovàquia | 17 | 38 |
| Luxemburg | 41 | 56 | Estònia | 10 | 37 |
| Eslovènia | 27 | 39 | Hongria | 12 | 16 |
| **Model Mediterrani** | | | Letònia | 13 | 9 |
| Espanya | 19 | 57 | Lituània | 10 | 57 |
| França | 8 | 55 | Polònia | 12 | 24 |
| Grècia | 25 | 14 | Romania | 33 | 52 |
| Itàlia | 35 | 27 | Croàcia | 35 | 23 |
| Portugal | 19 | 8 | **TOTAL UE** | 23 | 32 |

• El **model sindical escandinau**, caracteritzat per un sistema consolidat d'Estat de Benestar, concertació social, negociació col·lectiva centralitzada i participació institucional i, fins i tot, gestió sindical de les prestacions per desocupació (Sistema Ghent), s'articula sobre la base d'unes elevades taxes d'afiliació i interlocució sindical directa, sense requerir altres instàncies de mediació.

• **El model sindical escandinau**, caracteritzat per un sistema consolidat d'Estat de Benestar, concertació social, negociació col·lectiva centralitzada i participació institucional i, fins i tot, gestió sindical de les prestacions per desocupació (Sistema Ghent), s'articula sobre la base d'unes elevades taxes d'afiliació i interlocució sindical directa, sense requerir altres instàncies de mediació.

• En el **model germànic i el llatí** s'identifica com en el sistema de doble canal de representativitat opera clarament els mecanismes d'audiència electoral, ampliant en proporcions significatives l'abast i eficàcia de la seua afiliació directa, sent el cas espanyol el que millor representa aquesta seqüència, amb les consegüents febleses (efecte free rider que desincentiva l'afiliació) i fortaleses (àmplia representativitat, cobertura universal de la negociació col·lectiva, legitimitat social).

---

**Lectura 3.3. SINDICATS DE CLASSE I COMITÉS D'EMPRESA A ESPANYA**

Els sindicats espanyols són relativament forts en la societat, però febles en l'empresa, s'ha dit amb freqüència. Com a organització de la societat civil, tenen una presència important i una influència notable, sobretot en processos institucionals de caràcter polític. Però en moltes empreses, particularment les de xicoteta grandària, que són la majoria en l'estructura empresarial espanyola, no són presents ni a través d'afiliats ni a través de delegats o bé compten amb delegats molt desvinculats de l'empresa i de la seua activitat, ja que han sigut triats ad hoc per a l'ocasió. En aquelles empreses en les quals sí que existeix un vincle més fort entre el sindicat i l'espai intern de relacions laborals, de grandària mitjana o gran, els sindicats han de realitzar complexos equilibris entre la instància unitària en la qual es troben integrats – el comité – i la instància pròpiament sindical en la qual solen estar dividits. Aquests equilibris són, en el fons, intents de conjugar els interessos dels treballadors de l'empresa o, almenys, d'una part d'ells (els estables) amb el conjunt d'empleats del sector en el qual s'integra aquesta empresa o del territori en el qual s'assentisca. I, al mateix temps, de compaginar els interessos del comité amb els sindicats que formen part d'ell i que li proporcionen suport.

En qualsevol cas, la pràctica de relacions laborals espanyola ha consolidat un dualisme en la representació dels treballadors dins de l'àmbit de l'empresa, ja que els sindicats, a més de ser presents en els comités, també intenten actuar directament a través de les seccions sindicals. Però és aquest un dualisme en el qual l'estratègia sindical amb freqüència es ressent, perquè les actuacions dels comités poden quedar limitades a la dinàmica de l'empresa concreta, sense la visió de conjunt i de solidaritat supraempresarial que és la perspectiva característica dels sindicats. I més en un context de forta segmentació del mercat de treball. Més encara quan algunes de les grans demandes de les quals actualment es fan portaveus els sindicats, sobretot aquelles relatives a la crisi de l'ocupació, se situen certament per damunt de qualsevol empresa concreta, encara que també és cert que haurien de traduir-se en estratègies específiques dins de cada empresa.

Els sindicats són conscients dels riscos d'aquesta dualitat i és per això que la seua estratègia ha tingut, sobre aquest tema, canvis d'importància en els últims temps. Potser el més obvi té a veure amb la consolidació d'una estratègia d'actuació conjunta i no competitiva – unitat d'acció – entre els sindicats, principalment entre els dos de major grandària: UGT i CCOO. Des de 1987 tots dos sindicats han abandonat les posicions de confrontació que els van caracteritzar a partir del començament de la transició democràtica i que es van polaritzar després de 1982, per l'oposició al govern del PSOE en un cas, CCOO i el suport explícit en l'altre, UGT. La nova estratègia d'unitat, que encara mantenen, els ha portat a coincidir en moments importants, però puntuals, de conflicte social, com han sigut les vagues generals. Però també, i potser de forma més decisiva, el seu acord en el terreny de la negociació col·lectiva els ha proporcionat un marc de seguretat i estabilitat. En aquest terreny, han sigut cada vegada més i més freqüents les plataformes de negociació conjuntes, tant en l'àmbit territorial com en el sectorial, així com les coincidències en els diferents espais de negociació a escala nacional. El mateix pot dir-se respecte a aspectes rellevants de la política laboral, social i macroeconòmica (...).

En les bases dels sindicats és cada vegada més palpable el desig dels treballadors que les organitzacions sindicals unifiquen les seues maneres d'actuar i facen un pas cap a una unitat estable i, tal vegada, cap a la unificació. Bona prova d'això és l'indiscutible suport que els treballadors presten als comités d'empresa, que és molt superior, si ens atenim a les taxes de participació en les eleccions a comité d'empresa, a les de la mateixa afiliació sindical.

Adaptat de Miguélez, F. (2004), 'Presente y futuro del sindicalismo en España', en Beneyto, P.J. (ed.), *Afiliación sindical en Europa,* Valencia: Germanía, pp. 85-87

4- El **poder institucional** és el resultat de la <u>legitimitat i pressió sindical per normalitzar i regular l'ocupació i les condicions de treball</u> que dependrà en gran manera de la fortalesa dels recursos de poder estructural, social i associatiu.

- Es pot arribar a considerar com un poder secundari en la mesura que és el resultat de la projecció dels recursos primaris (estructurals i associatiu) dels sindicats. Així doncs, una major capacitat organitzativa i activisme sindical es projectarà en una major i millor cobertura de l'ocupació i del treball comportat per a la població treballadora.

- Aquest poder institucional inclou:

    a. **Representativitat institucional**: (1) l'entrada de les organitzacions sindicals en les institucions econòmiques de govern (per exemple, Consell Econòmic i Social), és a dir, la <u>participació política en sistemes corporativistes</u> i (2) <u>la negociació col·lectiva.</u>

    b. **Representativitat de suport:** (1) <u>Conflicte obert:</u> vagues i altres accions col·lectives laborals o polítiques, secundades per un nombre més gran que la base afiliativa o votant dels sindicats. (2) <u>Conflicte d'opinió pública,</u> promoció o resistència a reformes, adquisició de nous drets, etc.

- **L'indicador quantitatiu més rellevant per a mesurar el poder institucional (representativitat institucional) és la negociació col·lectiva.**

- Les <u>principals dimensions i variables</u> per a mesurar la negociació col·lectiva dels sistemes de relacions laborals són:

1. **La cobertura de la negociació col·lectiva:** fa referència a la proporció de treballadors que es troben sota les condicions ocupació i treball reportat negociats als convenis col·lectius.

2. El **sistema de cobertura**, que pot ser:
    1. **D'eficàcia general o *erga omnes*:** es tracta d'un sistema de cobertura total per als treballadors de l'àmbit corresponent de la negociació col·lectiva.
    2. **D'eficàcia limitada:** les condicions negociades en la negociació col·lectiva només s'apliquen per als treballadors afiliats a les organitzacions sindicals signants
    3. **Sistema mixt:** La cobertura és general o *erga omnes* en l'àmbit de l'empresa i d'eficàcia limitada per als signants en els nivells intersectorial i sectorial.

3. **Estructura de la negociació col·lectiva:** fa referència a les pautes i les formes en què s'organitza la negociació col·lectiva, és a dir, fa referència a:
    1. El **nivell** que predomina a la negociació col·lectiva (empresa, sectorial o intersectorial);

2. El **grau de coordinació i articulació** entre els diferents nivells, sobretot en les qüestions relatives als salaris
3. Si hi ha mecanismes que permeten **la desvinculació** de les empreses dels convenis signats d'àmbit supraempresarial.

Parlarem **d'autoregulació** de les relacions laborals quan l'Estat és poc intervencionista en les relacions laborals donant més autonomia als agents socials per negociar l'ocupació i el treball comportat. <u>Sistema propi de països voluntaristes.</u> Ara bé aquesta autoregulació pot ser de dos tipus:

• **Autoregulació centralitzada**: quan predomina els acords nacionals o de caràcter intersectorial amb més nivell de coordinació. Representa els sistemes escandinaus.

• **Autoregulació descentralitzada**: donat en els sistemes pluralistes, amb més fragmentació i escassa coordinació, on el nivell de negociació predominant és l'empresa. Representa els sistemes anglosaxons.

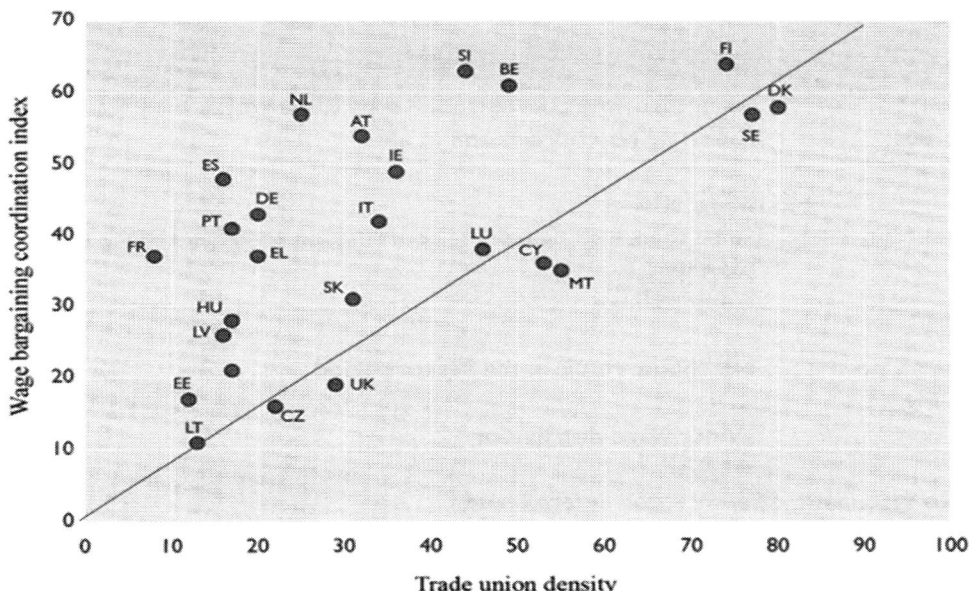

1- Com s'observa a la gràfica de la diapositiva anterior hi ha una **forta relació positiva** entre la taxa d'afiliació sindical (presència) i la cobertura de la negociació col·lectiva (influència).

2- Hi ha dos mecanismes per incrementar el poder institucional, és a dir, el nombre de persones que es troben sota la protecció d'un conveni col·lectiu. D'una banda, podem trobar aquells països (anglosaxons i escandinaus) voluntaristes que tenen una estratègia directa, és a dir, per mitjà de la presència afiliativa (poder associatiu) contagien la cobertura de la negociació col·lectiva. D'altra banda, els països de l'àrea mediterrània i germànics de tipus determinista que es basen en estratègies indirectes en la mesura que impulsen la cobertura de la negociació col·lectiva per mitjà de mecanismes institucionalitzats (cobertura *erga omnes*). La recta de regressió mostra amb claredat que **estem davant l'estratègia directa i**

**no davant l'estratègia indirecta**, és a dir, a un poder associatiu més gran contagiarem un elevat poder institucional.

3- **Model anglosaxó i escandinau:** Són països voluntaristes on l'estat no intervé directament en la regulació de les relacions laborals i, per tant, no hi ha mecanismes institucionalitzats (extensió *erga omnes* dels convenis col·lectius). Per això, **a la gràfica són a prop de la recta de regressió derivada al fet que centren la seua estratègia d'expansió de la cobertura de la negociació col·lectiva de manera directa.** Com que els països anglosaxons tenen baixa afiliació sindical derivat a la soscavació del recurs de poder associatiu als anys vuitanta pel govern liberal, fa que també presenten poca cobertura de la negociació col·lectiva, mentre que els països escandinaus en tenir una tradició socialdemòcrata i impulsar a través del *sistema Ghent* l'afiliació sindical, presenten una elevada cobertura de la negociació col·lectiva.

4- **Posició dels països voluntaristes a la recta de regressió: es troba per sota de la recta de regressió.** Aquesta situació es produeix perquè als sistemes on l'Estat no intervé en les relacions laborals els ocupadors són lliures per decidir si accepten o no els representants sindicals per negociar un conveni col·lectiu. Com que **és voluntari el reconeixement empresarial**, fa que la cobertura de la negociació col·lectiva siga inferior que l'afiliació sindical, derivat al fet que algunes empreses no reconeixen els sindicats com a interlocutors vàlids. És per això que, per poder aconseguir un conveni col·lectiu aplicable, **cal tenir un elevat poder associatiu per forçar les empreses al reconeixement dels representants sindicals.**

5- **Model germànic i del mediterrani:** Són països deterministes on l'Estat intervé en la regulació del treball i l'ocupació comportada. Aquesta intervenció fa que, d'una banda, a través **de mecanismes d'extensió *erga omnes*** dels convenis col·lectius presenten un elevat poder institucional, però, de l'altra, **desincentiven l'afiliació sindical (efecte *free rider*)** el que genera un baix d'afiliació sindical. Per això, aquests països es troben lluny de la recta de regressió, ja que l'elevada cobertura fa que se situen per sobre de la recta de regressió al quadrant superior de la gràfica, mentre que la baixa afiliació fa que la majoria dels països se situen a l'esquerra de la gràfica.

**Forta relació entre la cobertura de la negociació col·lectiva i la centralitat de la mateixa**

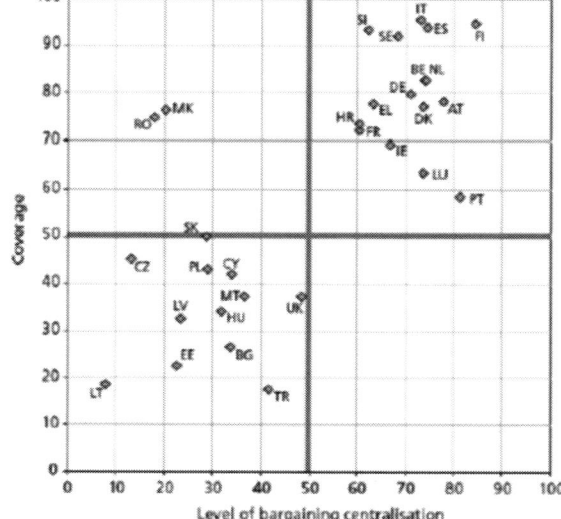

Fuente: ECS 2009

**Els països que tenen una presència i audiència reduïda poden projectar la seua fortalesa per mitjà de mecanismes d'influència quan hi ha un sistema de cobertura d'eficàcia general / universal**

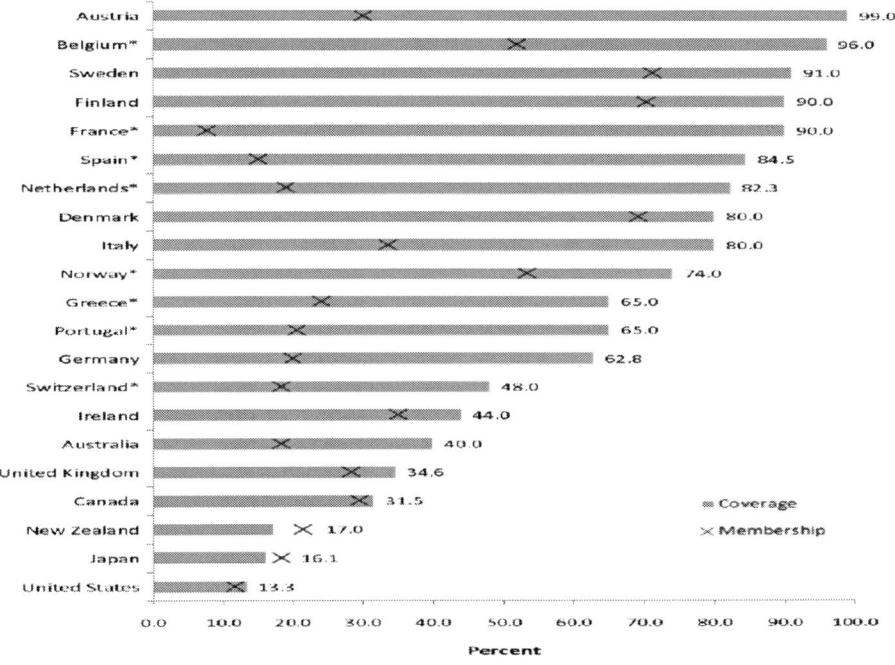

- Els Estats amb **tradició socialdemòcrata** estan associats a <u>una major taxa de cobertura</u>, tant afiliativa com de negociació col·lectiva, en la <u>seua dimensió sincrònica i diacrònica.</u>

- Mentre que els **Estats conservadors** presenten una <u>evolució moderada</u> en els dos sentits.

- Finalment, els **Estats liberals** com no intervenen a la regulació de les relacions laborals, no garanteixen l'extensió dels convenis i donen preferència a la negociació d'empresa o individual, el que ve a explicar <u>els elevats descensos de la cobertura.</u>

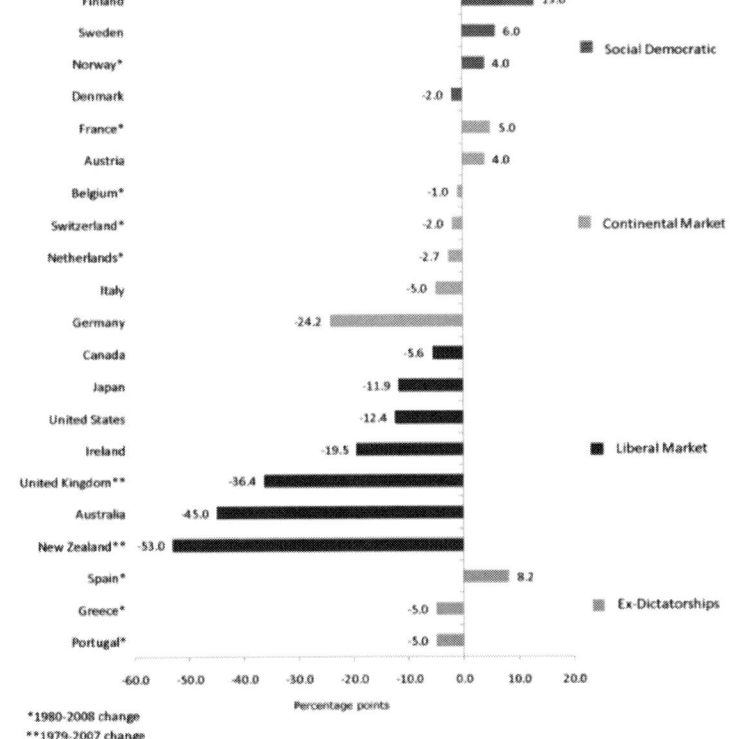

# Índex de Participació Europeu: indicador sintètic dels recursos de poder sindical.

## Table 4: Data used in the calculation of the EPI 2.0

| A | (C + (D/2) + ((E+F)/2)/3 | B | C | D | E |
|---|---|---|---|---|---|
| Country | EPI 2.0 | Workplace Representation | Board Representation | Collective Bargaining Coverage | Trade Union Density |
| Austria | 0.63 | 0.21 | 2 | 0.98 | 0.35 |
| Belgium | 0.43 | 0.53 | 0 | 0.96 | 0.55 |
| Bulgaria | 0.19 | 0.35 | 0 | 0.25 | 0.20 |
| Cyprus | 0.37 | 0.37 | 0 | 0.75 | 0.70 |
| Czech Republic | 0.50 | 0.18 | 2 | 0.44 | 0.22 |
| Denmark | 0.83 | 0.68 | 2 | 0.80 | 0.80 |
| Estonia | 0.23 | 0.52 | 0 | 0.25 | 0.11 |
| Finland | 0.81 | 0.6 | 2 | 0.90 | 0.74 |
| France | 0.50 | 0.5 | 1 | 0.93 | 0.08 |
| Germany | 0.61 | 0.41 | 2 | 0.64 | 0.22 |
| Greece | 0.37 | 0.04 | 1 | 0.85 | 0.30 |
| Hungary | 0.49 | 0.26 | 2 | 0.25 | 0.17 |
| Ireland | 0.38 | 0.29 | 1 | 0.35 | 0.35 |
| Italy | 0.31 | 0.37 | 0 | 0.80 | 0.34 |
| Latvia | 0.18 | 0.35 | 0 | 0.20 | 0.16 |
| Lithuania | 0.11 | 0.21 | 0 | 0.10 | 0.14 |
| Luxembourg | 0.68 | 0.52 | 2 | 0.60 | 0.46 |
| Malta | 0.41 | 0.14 | 1 | 0.56 | 0.59 |
| Netherlands | 0.67 | 0.45 | 2 | 0.89 | 0.22 |
| Poland | 0.37 | 0.35 | 1 | 0.35 | 0.16 |
| Portugal | 0.37 | 0.05 | 1 | 0.94 | 0.15 |
| Romania | 0.27 | 0.52 | 0 | 0.30 | 0.30 |
| Slovakia | 0.59 | 0.43 | 2 | 0.35 | 0.30 |
| Slovenia | 0.71 | 0.42 | 2 | 0.96 | 0.44 |
| Spain | 0.50 | 0.52 | 1 | 0.82 | 0.16 |
| Sweden | 0.82 | 0.63 | 2 | 0.90 | 0.78 |
| United Kingdom | 0.16 | 0.17 | 0 | 0.34 | 0.28 |

Source: "Workplace representation" dimenion based on own calculations based on raw data from Eurofound's 2009 European Company Survey. Other dimensions based on data from www.worker-participation.eu

El **model mediterrani i centreeuropeu** presenta una taxa d'afiliació sindical (presència) baixa (Espanya 16%, França 8%, Alemanya 22%). No obstant això, a través de mecanismes institucionalitzats de representació d'interessos aconsegueixen duplicar la representativitat (audiència electiva) (Espanya 52%, França 50%, Alemanya 41%) i triplicar la cobertura de la negociació col·lectiva (influència negociadora) (Espanya 82%; França 93%, Alemanya 64%).

Aquests resultats són fruit de la institucionalització de les relacions laborals (països deterministes) on els estats intervenen a través la regulació de mecanismes d'audiència electoral de representació unitària en els centres de treball (delegats de personal i comités d'empresa) que representen els interessos tant de les persones que estan afiliades a un sindicat com les que no es troben afiliades, diferenciant-se d'aquesta manera de la representació sindical (delegats sindical) que únicament representa els interessos dels treballadors i les treballadores afiliades al sindicat que correspongui. Això vindria a explicar els resultats obtinguts en la gràfica en la mesura que l'audiència electoral doblega la representativitat en comparació de la presència afiliativa.

A més, existeix un segon mecanisme institucionalitzat. Ens referim a l'extensió de la cobertura de la negociació col·lectiva (cobertura *erga omnes*) en la qual, a través de les legislacions nacionals, fan que també s'apliquen els convenis col·lectius a totes les persones que es troben en un sector i territori determinat independentment de la seua condició d'afiliat o afiliada al sindicat representatiu signant del conveni. Aquests preceptes legals d'extensió automàtica de convenis, juntament amb la relativa centralització de la negociació col·lectiva en l'àmbit sectorial, vindrien a explicar per què a la gràfica mostrada països com Espanya, França i Alemanya presenten cobertures de la negociació col·lectiva molt elevades. La virtut d'aquests mecanismes institucionalitzats és que la representativitat i la influència negociadora enforteixen els sistemes de relacions laborals, però, no obstant això, desincentiven l'afiliació sindical directa derivat a aquest efecte *free rider* que produeix en la classe treballadora i, per tant, afebleix la presència afiliativa, tal com hem apuntat.

**Els països del model anglosaxó** són països de caràcter voluntarista i, per això, l'Estat té un paper subsidiari en la regulació de l'ocupació i el treball comportat. Així doncs, com que no existeixen mecanismes institucionalitzats de representació d'interessos suposa, d'una banda, que el sistema és de canal únic sindical i, d'altra banda, que l'autoregulació col·lectiva tinga un rol central en les relacions laborals adquirint un caràcter moral derivat al fet que ni els empresaris estan obligats per llei a negociar convenis col·lectius, ni aquests tenen naturalesa jurídica vinculant, és a dir, no són legalment exigibles. Així doncs, el fet que només existisca presència (representació sindical) en els centres de treball i els empresaris poden decidir no negociar, fa que el sistema gire al voltant de la lògica negociació i conflicte. Aquesta lògica fa que per a pressionar a l'empresari a negociar siga necessari una presència afiliativa elevada i, això, explicaria com el Regne Unit (28%) i Irlanda (35%) presenten en la gràfica taxes d'afiliació sindical superiors a la mitjana europea (22%), molt superiors als països de l'àrea mediterrània i germànica. No obstant això, es troben molt per davall d'altres països també d'àmbit voluntarista com els països escandinaus (afiliació del 70-80%) derivat al fet que als països anglosaxons des dels anys vuitanta predominen Estats d'àmbit liberal que han soscavat les possibilitats de representació trencant la lògica negociació i conflicte (regulació del dret a vaga, eliminació de pràctiques *closed shop* dels sindicats d'ofici). Així doncs, l'efecte combinat d'una presència afiliactiva moderada i un Estat liberal que permet major flexibilitat empresarial per a negociar, vindrien a explicar com al Regne Unit (17%) i Irlanda (29%) presenten menor representativitat que presència afiliativa. Com que no existeixen mecanismes d'audiència electoral (doble canal) només és possible adquirir la representativitat quan l'empresa reconeix com a interlocutor vàlid per a la negociació col·lectiva als representants sindicals. Si sumem la moderada afiliació sindical i el poc reconeixement empresarial per a negociar (representativitat) amb una pluralitat d'actors on predomina l'autoregulació descentralitzada i pragmàtica en l'àmbit d'empresa o centre de treball i, fins i tot, entre col·lectius de treballadors i treballadores diferents, es podria arribar a explicar per què tant el Regne Unit com Irlanda presenten una cobertura de la negociació col·lectiva reduïda del 34% i 35% respectivament.

**El model escandinau** també és un sistema voluntarista com el cas anglosaxó. No obstant això, a diferència dels països anglosaxons, a Suècia o Dinamarca han predominat al llarg de la història els governs socialdemòcrates i la cooperació entre capital i treball. De fet, en 1938 es van produir a Suècia els pactes de Saltsjöbaden, que va suposar per primera vegada un intercanvi polític en el qual els empresaris reconeixien el dret d'afiliació i representació sindical i els sindicats reconeixien la prerrogativa d'organització de la producció. Així doncs, davant aquest context liderat pel partit socialdemòcrata per a impulsar la cooperació entre els actors socials es transfereix la gestió de les prestacions per desocupació als sindicats (*sistema Ghent*) impulsant així una elevada afiliació sindical i explicant els resultats obtinguts en la gràfica on Suècia i Dinamarca presenten una presència afiliativa del 78% i 80% respectivament. No obstant això, donat el seu caràcter voluntarista no tenen mecanismes institucionalitzats de representació d'interessos, és a dir, no disposen de doble canal i, per això, de la mateixa manera que al Regne Unit, però en un grau més baix, presenten menor representativitat que presència (Suècia 63% i Dinamarca 68%). Així doncs, l'element clau del sistema és l'impuls socialdemòcrata a través del sistema Ghent per a potenciar una elevada presència sindical en els centres de treball que contagiarà tant a la representativitat com a la influència negociadora (la cobertura dels convenis a Suècia és del 90% i a Dinamarca del 80%). En aquest sentit, malgrat no tindre mecanismes institucionalitzats *erga omnes,* l'elevada presència i l'autoregulació centralitzada en l'àmbit sectorial i, fins i tot, a escala nacional en alguns moments de la seua història com els salaris de solidaritat dels anys 40-70, explicarien l'elevada cobertura de la negociació col·lectiva.

El **dret de participació o democràcia industrial** tal com s'observa en la gràfica oscil·la entre els valors 0 a 2.

- **El 0 correspon als països on no existeix regulació legal que garantisca els drets de participació dels treballadors i els seus representants.** Aquesta situació la trobem en països voluntaristes i liberals com el cas del Regne Unit o Xipre.

- Aquells països que puntuen amb un **1 són els que tenen reconeguts els drets de participació passiva (informació i consulta)** sobre aspectes d'organització del treball. Així doncs, l'empresa estarà obligada a informar o consultar als treballadors i aquests han de ser escoltats, però la decisió final és presa per l'empresa estiguen o no d'acord els treballadors. Per exemple, a Espanya cal obrir un període de consultes davant una modificació substancial de les condicions de treball. Dins dels països amb dret de participació passiva trobem aquells Estats conservadors del model mediterrani de relacions laborals (Espanya, França o Portugal).

Finalment, aquells països que puntuen amb un **2 són els que tenen el dret de participació activa, tant de cogestió** (dret dels treballadors i els seus representar a vetar en cas de desacord decisions operatives dels empresaris quant a l'organització de l'empresa – horaris, sistema de producció, vacances, promocions, plusos, ect..-) **com de codeterminació** (presència de representants dels treballadors en els òrgans de direcció de l'empresa on es prenen les decisions estratègiques de l'empresa i el vot dels representants tindrà el mateix valor que el de la resta de membres del consell). Els països amb dret de participació activa són aquells corporativistes on predomina, el partenariat, la concertació i la pau social com Suècia, Dinamarca, Alemanya o Àustria.

# El Sindicalisme com a Factor d'Igualtat Social

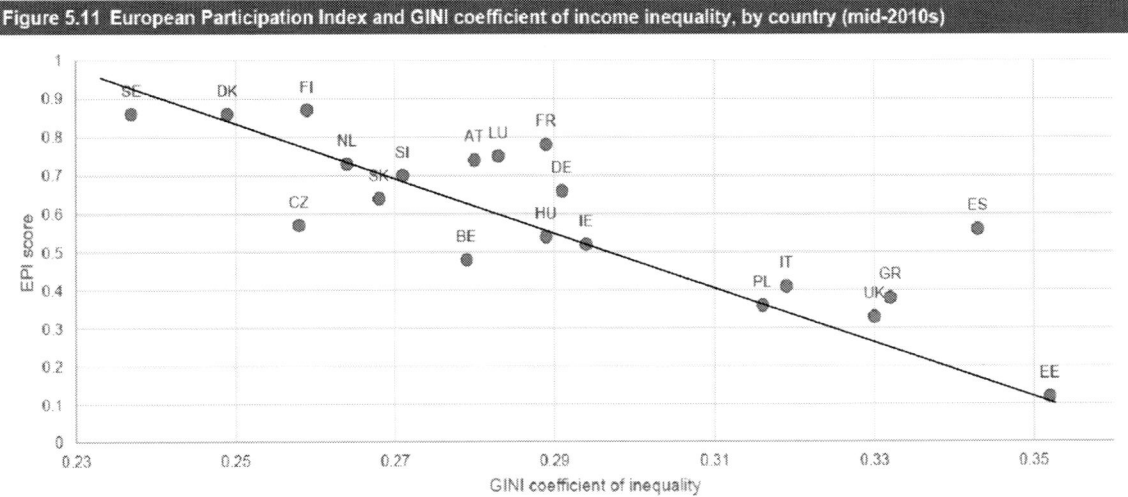

Figure 5.11 European Participation Index and GINI coefficient of income inequality, by country (mid-2010s)

Source: Vitols (2018b) and LIS Cross-National Data Center in Luxembourg (http://www.lisdatacenter.org).

---

## Lectura T3.2. SINDICALISME. DESIGUALTAT, DRETS LABORALS I DEMOCRÀTICS

Menys drets laborals i menys sindicats: menys ciutadans

Ignacio Urquizu. El Diario, 18/06/2013.

Com va argumentar T. H. Marshall en el seu assaig Ciutadania i Classe Social, ser ciutadà només és possible si reunim tres tipus de drets: civils, polítics i socioeconòmics. Cada societat ha seguit trajectòries diferents en el seu camí cap a la ciutadania. A Espanya, per exemple, no seria fins als anys 80 quan aconseguim ser ciutadans de ple dret, mentre que en molts països del nostre entorn el van aconseguir després de la II Guerra Mundial.

Considerar que els requisits de ciutadania se circumscriuen a aquests tres tipus de dret té dues implicacions rellevants. D'una banda, sota aquest prisma, l'Estat del benestar s'aproxima més a una concepció liberal que a una marxista o socialista. Els individus no tenen dret a l'educació o la sanitat per pertànyer a una classe social determinada, sinó pel mer fet de ser persones, ciutadans. Per una altra, la pèrdua de drets socials i econòmics no sols augmenta les desigualtats, sinó que a més ens fa menys ciutadans.

En la Fundació Alternatives acabem de publicar el nostre Informe sobre la Democràcia a Espanya 2013. És un anuari polític que compleix ja amb la seua setena edició. En ell, any a any analitzem la qualitat de la nostra democràcia. Per a això, al costat d'una sèrie de capítols analítics, també incloem una enquesta a experts. Durant el 2012, una de les majors deterioracions que observen els analistes consultats és la pèrdua de drets per part dels treballadors, així com de la seua llibertat sindical. Per què ha succeït això? L'Informe apunta a dues adreces: "D'una banda, la precarització dels drets dels treballadors i, per una altra, l'ofensiva contra els sindicats realitzades des de diverses instàncies" (IDE 2013, Fundació Alternatives, p. 231).

Si seguim els arguments de Marshall, un atac al sindicalisme és una manera de reduir els nostres drets de ciutadania. Pel que indiquen les dades, això és el que ha succeït a Espanya durant l'últim any.

Una part d'aquest atac s'explica per prejudicis ideològics. Els conservadors han aprofitat la crisi econòmica per a portar a cap una ofensiva contra els representants dels treballadors. La imatge que s'ha traslladat dels sindicalistes des dels mitjans de comunicació conservadors respon a aquesta estratègia ideològica.

Al costat d'aquesta ofensiva, també trobem arguments una mica més "tècnics". Una part dels economistes també semblen molestos amb el sindicalisme. Per a ells és una qüestió de rigidesa del mercat laboral. Argumenten que si volem caminar cap a una major flexibilitat, és necessari reduir el poder dels sindicats. Però com ens recordava José Ignacio Torreblanca en el seu blog: "els economistes tendeixen a ignorar les conseqüències polítiques de les seues decisions".

És cert que els sindicats no passen pel seu millor moment. El gràfic 1 mostra el percentatge de persones afiliades als sindicats en l'OCDE i a Espanya. Tres són les conclusions rellevants. En primer lloc, l'evolució als països desenvolupats ha passat d'un augment de l'afiliació entre els anys 60 i 80, on la mitjana va aconseguir quasi el 45 %, a trobar-se en aquests moments lleugerament per damunt del 25 %. En segon lloc, a Espanya ha succeït una cosa semblant, només que en moments diferents del temps i amb xifres molt diferents. Així, mentre que en els anys 80 l'afiliació als sindicats va augmentar notablement, des de principis dels 90 no ha fet més que disminuir. I, en tercer lloc, la pertinença sindical espanyola es troba notablement per davall de la mitjana de l'OCDE. A Espanya, en el millor dels moments es va situar en el 18 %, estant aquesta xifra en l'actualitat en el 16.

Les dades espanyoles contrasten molt amb els països nòrdics on, per exemple, a Suècia l'afiliació sindical s'ha situat entre el 66 % (1966) i el 84 % (1993). A Noruega, la pertinença a sindicats mai ha baixat del 50 %. De fet, Espanya té una de les mitjanes més baixes juntament amb Estònia, Korea i Turquia. En canvi, les xifres més altes d'afiliació sindical les trobem als països més igualitaris: Islàndia, Suècia, Dinamarca i Noruega.

**Gràfic 1. Evolució d'afiliació als sindicats.**

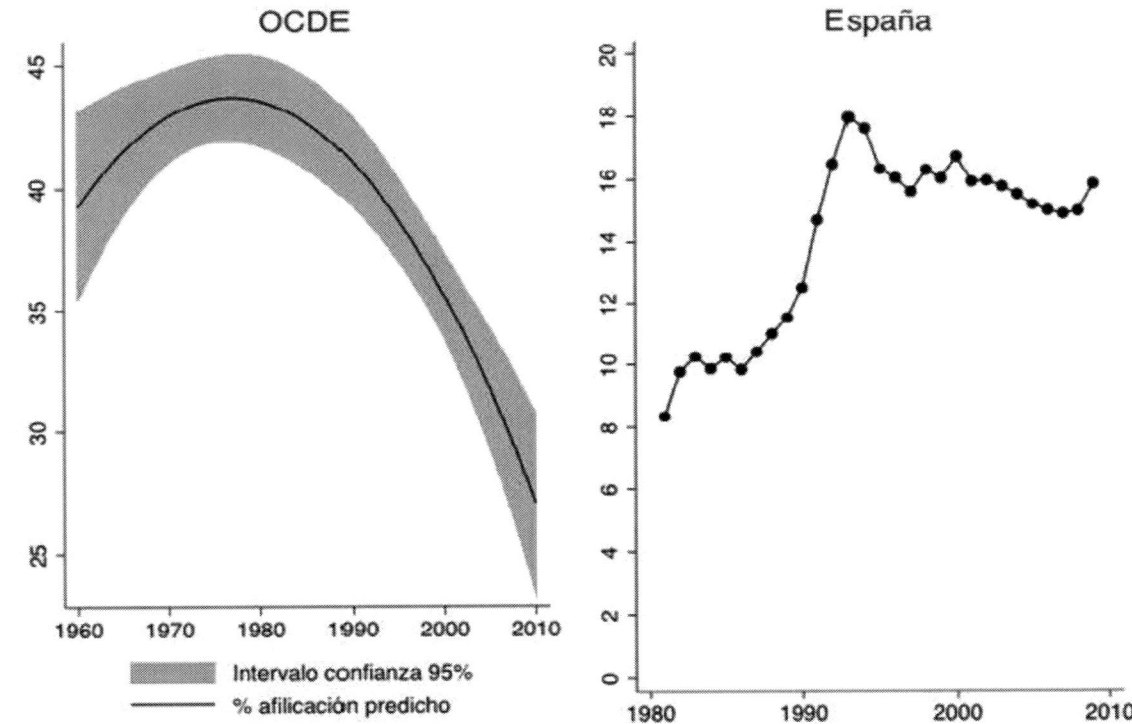

Font: OCDE

Però, quina és la conseqüència d'una major afiliació sindical? El Gràfic 2 mostra la relació per països entre el percentatge de persones que estan afiliats a un sindicat i el grau de desigualtat. Cadascun dels punts representa un país de la mostra en un moment diferent del temps i la recta ens permet endevinar la tendència que segueix l'associació entre aquestes dues variables. La conclusió és evident: com més gran és l'afiliació als sindicats en una societat, major és el seu grau d'igualtat.

Segurament, algun lector més expert em diu que correlació no és causalitat. Per això, he realitzat diferents regressions i en totes elles la capacitat explicativa del sindicalisme sobre la desigualtat és molt significativa, tenint un gran impacte. De fet, les dades estadístiques mostren que és molt més rellevant la força del sindicat, que la ideologia del govern a l'hora d'explicar la desigualtat.

**Gràfic 2. Relació entre afiliació sindical i desigualtat.**

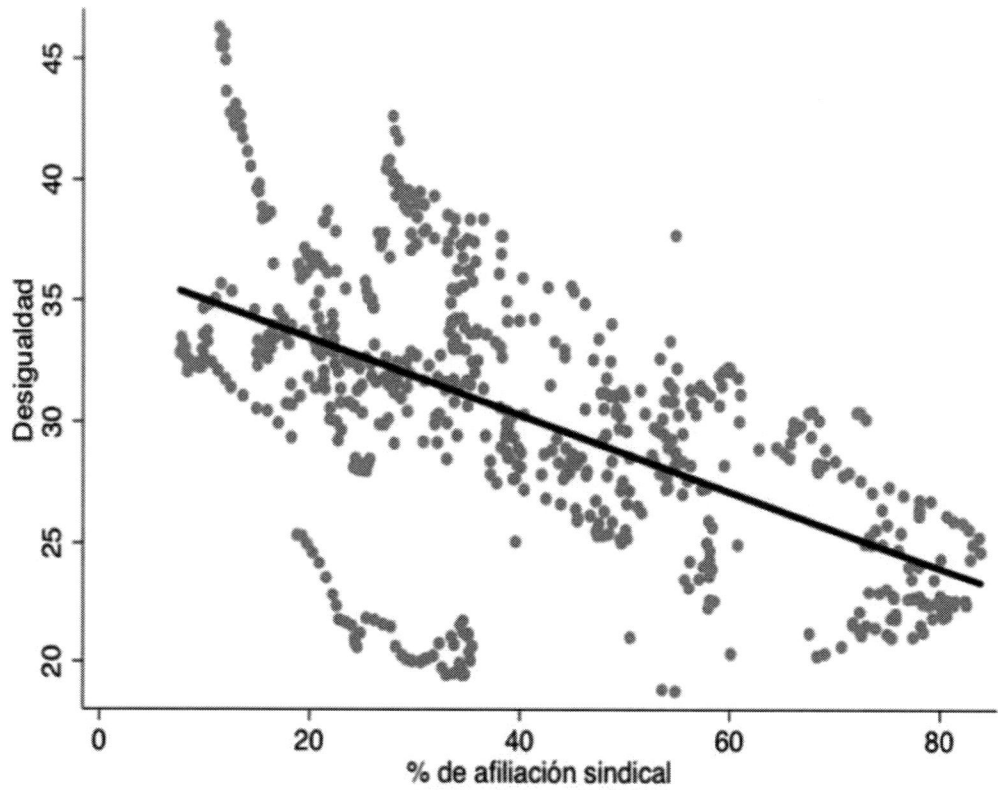

Font: Elaboració pròpia a partir de dades d'OCDE i World Top Income Database.

En definitiva, l'atac que ve patint el sindicalisme al nostre país no sols està reduint els nostres drets de ciutadania. A més, les seues conseqüències poden ser nefastes en el curt i mitjà termini. Si ja la crisi està tenint efectes devastadors en augmentar la pobresa i en incrementar-se les diferències entre rics i pobres, a més ens deixarà una societat on els ciutadans tindran menys instruments per a defensar-se.

**REPRESENTATIVITAT DE SUPORT:** segona font del poder institucional i legitimitat sindical.

**Descrèdit i pèrdua de capacitat de mobilització,** però…
…els sindicats han retingut la **REPRESENTACIÓ DEL CONFLICTE SOCIAL** en interés dels assalariats.

(1) **Conflicte obert:** vagues i altres accions col·lectives laborals o polítiques, secundades per un nombre més gran que la base afiliativa o votant dels sindicats.

(2) **Conflicte d'opinió pública**: promoció o resistència a reformes, adquisició de nous drets, etc.

Cada vegada més al costat de nous moviment socials i menys dels partits polítics *(especialment des de 2008 en el context de crisi)*.

## 3.3. Sistema de representació a Espanya

El resultat del procés d'institucionalització de la representació en l'àmbit legal (ET i LOLS) va ser un **model de doble canal:**

1- **Associatiu** (afiliació directa als sindicats- presència afiliativa).

2- **i Electiu** (representació delegada- audiència electiva).

Conjuntament, formen els indicadors quantitatius del poder associatiu.

## CANAL ASSOCIATIU=PRESÈNCIA (TAXA D'AFILIACIÓ SINDICAL)

**art. 2.1. LOLS: La llibertat sindical comprén**:
a) El dret a **fundar sindicats** sense autorització prèvia, així com el dret a suspendre'ls o extingir-los, per procediments democràtics.
b) El dret del treballador a **afiliar-se** al sindicat de la seua elecció amb la sola condició d'observar-ne els estatuts o a separar-se del que estiguera afiliat, i ningú no pot ser obligat a afiliar-se a un sindicat.
c) El dret dels afiliats a **triar lliurement els seus representants** dins de cada sindicat.
d) El dret a **l'activitat sindical.**

**L'afiliació sindical ha estat tradicionalment baixa, juntament amb França de les més baixes d'Europa Occidental.**

Tabla 1. Evolución de la población asalariada y la afiliación sindical en España, 2000-2014

| | Población asalariada | | Afiliación sindical | | |
|---|---|---|---|---|---|
| | Núm. (miles) | Variación en % | Núm. (miles) | Variación en % | Tasa neta |
| 2000 | 12.285,7 | – | 2.097 | – | 16,8 |
| 2001 | 12.796,7 | +4,1 | 2.110 | +3,6 | 16,4 |
| 2002 | 13.141,7 | +2,8 | 2.187 | +3,6 | 16,2 |
| 2003 | 14.127,4 | +7,5 | 2.181 | +3,3 | 15,9 |
| 2004 | 14.720,8 | +4,2 | 2.278 | +0,8 | 15,4 |
| 2005 | 15.582,0 | +5,5 | 2.338 | +2,6 | 14,8 |
| 2006 | 16.208,1 | +4,3 | 2.622 | +12,1 | 13,3 |
| 2007 | 17.095,0 | +5,4 | 3.870 | +0,8 | 13,5 |
| 2008 | 16.681,0 | -2,4 | 2.951 | +2,6 | 13,2 |
| 2009 | 15.990,7 | 5,9 | 2.844 | 3,7 | 17,5 |
| 2010 | 15.446,8 | -2,1 | 2.777 | -2,6 | 17,3 |
| 2011 | 15.105,5 | 1,5 | 2.678 | 3,6 | 16,9 |
| 2012 | 14.573,4 | -5,5 | 2.583 | -4,3 | 17,7 |
| 2013 | 14.066,1 | 3,5 | 2.472 | -4,3 | 16,9 |
| 2014 | 14.468,1 | +2,9 | 2.361 | -4,5 | 16,5 |

Fuente: INE-EPA y ICTWSS.

**¿Quines són les raons que expliquen la baixa afiliació a Espanya?**

Tabla 2. Estructura de la afiliación sindical en España, 2010

| | Tasa | | Tasa | | Tasa |
|---|---|---|---|---|---|
| TOTAL | 18,9 | OCUPACION | | TOTAL | 18,9 |
| SEXO | | Técnicos | 21,2 | ANTIGÜEDAD | |
| Hombres | 20,6 | Administrativos | 21,9 | Menos 5 años | 11,8 |
| Mujeres | 16,8 | T. cualificados | 17,1 | 6-10 | 16,5 |
| GRUPOS DE EDAD | | No cualificados | 18,4 | 11-15 | 22,4 |
| De 16 a 34 años | 13,2 | ACTIVIDAD | | Más de 15 | 33,1 |
| 35-54 | 22,5 | Agricultura | 8,1 | CONTRATO | |
| De 55 a 64 | 18,1 | Indus-Construc. | 17,5 | Indefinido | 21,2 |
| NACIONALIDAD | | Servicios | 25,8 | Temporal | 11,7 |
| Española | 20,3 | SECTOR | | JORNADA | |
| Extranjera | 7,2 | Privado | 15,0 | Completa | 19,5 |
| NIVEL ESTUDIOS | | Público | 31,2 | Parcial | 14,9 |
| Sin estudios | 19,4 | T. EMPRESA | | REP. SINDICAL | |
| Primarios | 16,9 | -10 trabajadores | 7,3 | Sí | 30,0 |
| Secundarios | 18,4 | 10-49 | 12,3 | No | 9,6 |
| Universitarios | 20,6 | 50-250 | 17,9 | No sabe | 6,9 |
| TOTAL | 18,9 | + 250 | 30,2 | TOTAL | 18,9 |

*Fuente:* ECVT 2010.

## 1-Causes relatives al poder estructural:
-Altes taxes d'atur.
-Altes taxes de precarietat laboral (contractació temporal i elevada rotació).
-Fragmentació del teixit empresarial en empreses cada vegada més xicotetes (lògiques de subcontractació).
- Retallades al sector públic.


## 2- Causes relatives al poder social:

-Els sindicats no són capaços d'ampliar la seua presència afiliativa més enllà dels sectors tradicionals (indústria i construcció) i un perfil de treballadors determinats (home, treballador de coll blau). Ara per ara, l'economia s'ha terciaritzat, ha augmentat el nombre de treballadors de coll blanc amb major presència femenina al mercat de treball i joves treballadors i, no obstant això, els discursos sindicals no estan aconseguint atraure'ls cap a la seua afiliació.

- A mitjan dècada dels 80 s'inicia un canvi en els mecanismes d'adscripció sindical, des d'un model basat en una aproximació ideològica i identitària, hem passat a una subscripció més instrumental, pragmàtica i al desenvolupament genèric d'incentius de sociabilitat i de caràcter material.


## 3-Causes relatives al poder institucional:

**El modele de doble canal de representació, és un sistema amb voluntat inclusiva.** Es va implantar en el seu moment davant el buit que podia comportar la transició de la dictadura a la nova democràcia.

Aquest sistema, d'una banda, sembla **desincentivar l'afiliació** en universalitzar la cobertura de la intervenció sindical (efecte *free-raider*); però, d'altra banda, **la REPRESENTACIÓ ELECTIVA ES CONVERTEIX EN LA CLAU DEL SISTEMA,** ja que:

1- a més d'assumir la defensa i interlocució dels treballadors a l'empresa (delegats / comités- representació unitària) (En l'àmbit de l'empresa**)**.

2- **determina la representativitat sindical agregada** (arts. 6 i 7 de la LOLS) i, en conseqüència (en l'àmbit supraempresarial):
   - **la titularitat del dret de negociació col·lectiva d'eficàcia general *erga omnes* (arts. 87-89 de l'ET.)**
   - **i de representació institucional.**

**CANAL ELECTIU** = ELECCIONS DE LA REPRESENTACIÓ UNITÀRIA ALS CENTRES DE TREBALL

**Article 62 de l'ET. Delegats de personal**

1. La representació dels treballadors a l'empresa o centre de treball que tinguen <u>menys de cinquanta i més de deu treballadors</u> correspon als delegats de personal.

2. Igualment, podrà haver-hi un delegat de personal en aquelles empreses o centres que compten entre <u>sis i deu treballadors, si així ho decidiren aquests per majoria</u>.

**Article 63. Comités d'empresa.**

1. El comité d'empresa és l'òrgan representatiu i col·legiat del conjunt dels treballadors a l'empresa o centre de treball per a la defensa dels seus interessos, constituint-se en cada centre de treball que tinga un cens de <u>cinquanta o més treballadors.</u>

**Representació sindical que complementa la unitària (Doble Canal) al centre de treball.**

En les empreses o els centres de treball que **ocupen a més de 250 treballadors**, qualsevol que siga la classe del seu contracte, les seccions sindicals que puguen constituir els treballadors afiliats als sindicats amb presència en els comités d'empresa o en els òrgans de representació que s'establisquen en les administracions públiques estaran representades, amb caràcter general, **per delegats sindicals triats per i entre els seus afiliats a l'empresa o en el centre de treball.**

Siga per acord, bé a través de la negociació col·lectiva, es pot ampliar el nombre de delegats. **El nombre de delegats sindicals per cada secció sindical** dels sindicats que hagen obtingut **el 10 per 100 dels vots en l'elecció al Comité d'Empresa** o l'òrgan de representació en les administracions públiques s'ha de determinar segons la següent escala:
- De 250 a 750 treballadors: U.
- De 751 a 2.000 treballadors: Dos.

- De 2.001 a 5.000 treballadors: Tres.
- De 5.001 en endavant: Quatre.

**-Les seccions sindicals dels sindicats que no hagen obtingut el 10 per 100 dels vots estaran representades per un sols delegat sindical.**

### Art. 67.1 Promoció (ET)
- Poden promoure **les organitzacions sindicals més representatives**, les que compten amb un mínim d'un deu per cent de representants.

### Article 69. Elecció. (ET)
Són **electors** tots els treballadors:
- Majors de 16 anys i
- Amb una antiguitat d'1 mes.
Seran **elegibles** els treballadors:
- Majors de 18 anys
- i una antiguitat a l'empresa d'almenys 6 mesos.
- Excepció: per mobilitat de personal, es pacte en conveni col·lectiu un termini inferior, amb el límit mínim de tres mesos d'antiguitat.

### Podran presentar candidats:
- **Els sindicats** de treballadors legalment constituïts o per les coalicions formades per dos o més, que hauran de tenir una denominació concreta atribuint els seus resultats a la coalició.
- Igualment, podran presentar-se **els treballadors** que avalen la seua candidatura amb un nombre de signatures d'electors del seu mateix centre i col·legi, si escau, **equivalent almenys tres vegades el nombre de delegats a cobrir.**

### Resultat de les eleccions democràtiques (audiència electiva) de la representació unitària

Tabla 2. Elecciones sindicales en España (1978-2015)

| AÑO | Asalariados* | TOTAL DELEGAS-DOS | CCOO | | UGT | | Otros | | No sindicales | |
|---|---|---|---|---|---|---|---|---|---|---|
| | | | Nº | % | Nº | % | Nº | % | Nº | % |
| 1978 | 8.479,2 | 193.112 | 66.540 | 34,5 | 41.897 | 21,7 | 25.953 | 13,4 | 58.725 | 30,4 |
| 1980 | 8.028,8 | 164.617 | 50.817 | 30,8 | 48.194 | 29,3 | 22.053 | 13,4 | 43.553 | 26,5 |
| 1982 | 7.681,7 | 140.770 | 47.016 | 33,4 | 51.672 | 36,7 | 25.058 | 17,8 | 17.024 | 12,1 |
| 1986 | 7.675,3 | 175.363 | 59.230 | 33,8 | 69.427 | 39,6 | 33.998 | 19,4 | 12.708 | 7,2 |
| 1990 | 9.273,4 | 237.261 | 87.730 | 36,9 | 99.737 | 42,0 | 41.387 | 17,4 | 8.407 | 3,5 |
| 1995 | 8.942,7 | 204.586 | 77.348 | 37,8 | 71.112 | 34,7 | 49.495 | 24,2 | 6.631 | 3,2 |
| 1999 | 10.668,6 | 260.285 | 98.440 | 37,8 | 96.770 | 37,2 | 57.006 | 21,9 | 8.969 | 3,1 |
| 2003 | 12.433,6 | 283.075 | 110.208 | 38,9 | 103.805 | 36,7 | 69.062 | 24,4 | -- | -- |
| 2007 | 16.968,1 | 312.017 | 122.079 | 39,1 | 114.973 | 36,8 | 74.965 | 24,0 | -- | -- |
| 2012 | 14.573,4 | 303.622 | 113.721 | 37,5 | 107.459 | 35,4 | 75.788 | 24,9 | 6.654 | 2,2 |
| 2015 | 14.773,5 | 259.282 | 93.662 | 36,1 | 85.254 | 32,9 | 73.956 | 28,5 | 6.410 | 2,5 |

**1-Sindicalització de la representació unitària**: només 6.410 delegats (2,5% del total l'any 2015, davant d'un 30,4% el 1978) han estat elegits en candidatures no vinculades a cap sindicat. Hi ha una correlació bidireccional entre afiliació sindical i representació. En aquells centres de treball on hi ha afiliació, és més probable que hi haja representació unitària.

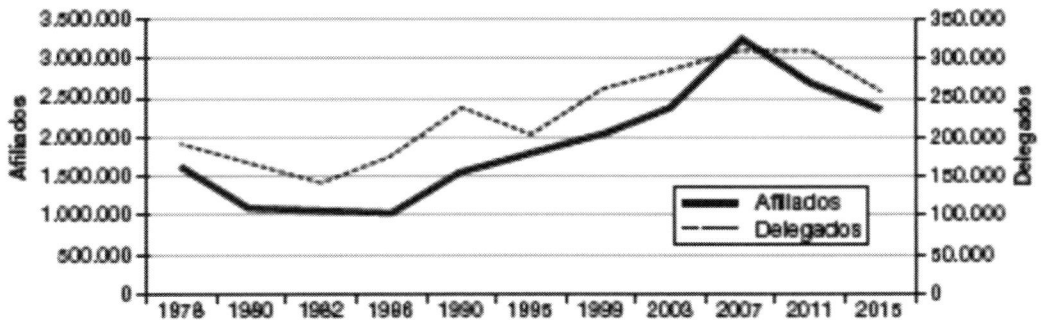

**2,-Increment de la representació**: després de cada fase de cicle econòmic recessiu, ha experimentat un auge considerable.

**3.- Cert pluralisme de l'estructura sindical:**

a. Centrals sindicals nacionals: Unió General de Treballadors (UGT); Confederació Nacional del Treball (CNT); Unió Sindical Obrera (USO) i Comissions Obreres (CCOO).

b. Centrals sindicals d'àmbit autonòmic nacionalistes: Solidaritat dels Treballadors Bascos (ELA-STV), Langiloek, Borrokua (LAB), Confederació Internacional Pavonea (CINTG).

c. Sindicats sectorials: Sindicats de Treballadors d'Ensenyament, Sindicat d'Estibadors Portuaris.

**4,-Sindicats més representatius:** d'acord amb la normativa vigent tan sols CCOO i UGT arriben a la condició d'organitzacions "més representatives" en l'àmbit estatal, per superar el 10% dels delegats electes, acumulant entre les dues confederacions el 69% de la representativitat en 2015. També ELA al País Basc (40,1%) i Navarra (21,9%), LAB (18,9%) al País Basc i CIGA (27,7%) a Galícia obtenen pels seus resultats autonòmics el reconeixement de sindicats "més representatius".

**5,-Fragmentació dels sindicats minoritaris**: a més dels sindicats reconeguts com més representatius en l'àmbit estatal i en les CCAA del País Basc, Navarra i Galícia, es registra un grup heterogeni de sindicats minoritaris (Fins a un total de 514 en l'últim procés electoral) que, en conjunt, acumulen un total de 57.499 delegats electes.

**6-El sistema fomenta l'efecte *free rider* en la presència sindical**, però a través de l'audiència electiva permet ampliar la cobertura de la representació sindical.

Tabla 4. Evolución de la afiliación y representación sindical en España (2000-2010)

|  | 2000 | 2010 | **Evolución 2000-10** |
|---|---|---|---|
| Afiliación<br>Total<br>Tasa | 2.093.500<br>16,6% | 2.894.200<br>18,9% | +800.700 (+ 38,2%) |
| Cobertura de la representación sindical<br>Total<br>Tasa | 5.400.000<br>42,9% | 7.100.000<br>47,4% | +1.700.000 (+ 31,5%) |

## ¿Per què el moviment sindical espanyol ha estat anomenat com un sindicalisme de votants?

- combinació de baixa afiliació sindical (presència) amb elevada participació dels treballadors a les eleccions sindicals (audiència).

-Es percep la racionalitat utilitarista del treballador i es relaciona amb l'efecte *free rider.*

**Pocs electors:** Dos de cada tres assalariats en empreses de 6 o més treballadors no voten a les eleccions sindicals, majoritàriament per no tenir possibilitat de fer-ho.

Tabla 5. Asalariados según ámbito (en millones) y participación en las elecciones sindicales en España

|  | 2003 | 2007 | 2012 | 2015 |
|---|---|---|---|---|
| Trabajadores del ámbito privado[1] | 12,43 | 14,73 | 12,50 | 12,30 |
| Trabajadores sin opción a RS[2] | 1,88 | 2,16 | 1,96 | 2,01 |
| Trabajadores en empresas 6 o más[3] | 10,55 | 12,56 | 10,53 | 10,29 |
| Trabajadores en empresas 6 o más no convocados[4] | 4,53 | 5,90 | 3,76 | 3,73 |
| Total electores[5] | 6,02 | 6,66 | 6,77 | 6,56 |
| Total votantes[5] | 4,29 | 4,69 | 4,60 | 4,23 |
| % electores s/ trabajadores ámbito privado | 48,4% | 45,2% | 54,2% | 53,3% |
| % electores s/ trabajadores empresas 6 o más | 57,1% | 53,0% | 64,3% | 63,8% |
| % votantes s/ trabajadores ámbito privado | 34,5% | 31,8% | 36,8% | 34,4% |
| % votantes s/ trabajadores empresas 6 o más trabajadores | 40,7% | 37,3% | 43,7% | 41,1% |

# Tema 4. Empreses, relacions laborals i patronals

## 4.1. Orígens de l'associacionisme empresarial.

### 4.1.1. Associacions d'emprenedors i associacions d'ocupadors

L'associacionisme empresarial respon a la necessitat estratègica d'organització col·lectiva dels interessos dels empresaris individuals.

Les modernes formes d'ORGANITZACIÓ EMPRESARIAL apareixen al llarg del segle XIX baix **dues orientacions i continguts**.

> (1) **Associacions d'emprenedors.** Per a la defensa dels interessos comercials i de producció. Tensió entre *lliurecanvisme* i enfortiment de la capacitat exportadora (cap al mercat extern) i o *proteccionisme* i defensa del mercat intern (mitjançant aranzels, fonamentalment).

> (2) **Associacions d'ocupadors.** De manera reactiva. Una mica més tardanes. Per a tractar de contrarestar la creixent capacitat d'influència del moviment obrer organitzat (*posteriors als primers sindicats*).

### 4.1.2. Cap al mercat de productes: la protecció dels interessos comercials

**1a Etapa:** En el context de la Primera Revolució Industrial (*p. ex. capitalisme desregulat*), l'empresariat segueix una lògica d'actuació **individualista i competitiva** (p. ex. ¿associar-se a competidors en un mateix sector? NO).

- El **liberalisme econòmic** de l'època i un sistema de producció encara en herència gremial i amb **mercat de productes locals** fa que l'empresariat **no tinga interés per l'acció col·lectiva**.

- **No existeix una intervenció Estatal** en la regulació de l'economia local pel que l'empresariat no precisa una associació empresarial per a influir en les decisions polítiques.

**L'empresariat gestiona internament l'organització de l'empresa** per a extraure major rendibilitat (*eficàcia i eficiència*)

**2a Etapa:** Tal com avança la industrialització en el segle XIX es produeix una saturació dels mercats locals i comencen a existir una certa pressió internacional. En aquest context sorgeix el primer associacionisme empresarial per a la **defensa comercial dels interessos dels seus afiliats**, bé en l'àmbit geogràfic o sectorial.

- **Objectiu: Exigir a l'Estat PROTECCIÓ ENFRONT DE LA COMPETÈNCIA ESTRANGERA** per mitjà, per exemple, d'avantatges duaners (*p. ex. imposició d'aranzels a la importació / incentius a l'exportació*).
  - Aquest objectiu es persegueix **per mitjà de canals informals** (*p. ex. grups de pressió o lobbies sobre el govern i els partits polítics*). Les primeres formes d'empresariat organitzat **manquen de voluntat de participació política institucionalitzada** o directa. **NOMÉS INFLUÈNCIA EN ELS ASPECTES ECONÒMICS.**

Les primeres formes de representació dels interessos empresarials són PREINDUSTRIALS.

¿Com ho fan? Per mitjà de CAMBRES DE COMERÇ: **representació dels interessos estrictament mercantils dels seus afiliats**: cap al mercat de béns i productes.
  - ✓ Les primeres Cambres de Comerç es creen a Marsella i Bruges (1599).
  - ✓ <u>Madrid</u> (1887).

**Funció com a grups d'interés:** connexió amb elits.

L'organització col·lectiva d'interessos empresarials substitueix progressivament les estructures gremials.

**Grups d'interés o de pressió:** són agrupacions territorials o sectorials els interessos de les quals tracten **d'influir** en el poder polític i en els processos de decisió **sense pretendre** conquistar ni exercir **el poder** directament, la qual cosa els diferencia dels partits polítics.

**Dos tipus de grups de pressió:**

**1. "Grups de vet":** funció defensiva.
  - ✓ Acció negativa, conservadora, poder d'incapacitació.

**2. Grups de concepció més dinàmica i moderna.**
  - ✓ Solucions positives, tenen en compte els diversos interessos legítims en discussió, accepta solucions de compromís.

**3a Etapa: El desenvolupament de les associacions empresarials com a actors socials sorgeix després de la Segona Guerra Mundial,** pel fet que es va demostrar que l'Estat liberal amb una intervenció mínima en la protecció de la iniciativa privada en els mercats no era un principi regulador vàlid per a la societat i va sorgir un nou **model d'Estat de Benestar** sota un sistema d'economia redistributiva Keynesiana-Fordista. Això va suposar:

- Que **l'Estat té la possibilitat d'intervindre en les empreses** per mitjà de lleis, decisions en matèria de política monetària, fiscal, financer i altres polítiques.

- Els **empresaris no poden romandre inactius** davant els canvis que es produeixen en la política i necessiten tindre associacions fortes per a reclamar un lloc de poder i negociar en el nou **espai d'interlocució tripartida (model corporativista).**

- No obstant això, no va ser **fins als anys setanta** quan els empresaris van deixar d'actuar més com a grups de pressió intervenint informalment sobre els governs per a obtindre avantatges competitius en els mercats que com a **actor col·lectiu més polític i social**.

## LECTURA 4.1. LOBBYNG I PRESSIÓ INFORMAL: EL CERCLE D'EMPRESARIS

El Cercle d'Empresaris va nàixer en 1977 per iniciativa d'un grup de rellevants homes d'empresa units per l'objectiu comú de defensar públicament les idees de llibertat de mercat i llibertat d'empresa en l'àmbit d'una societat lliure. En els seus documents fundacionals, el Cercle es va marcar com a objectiu "la defensa de la lliure empresa, de la iniciativa privada i de l'economia de mercat", assumint la tasca de "conscienciar a l'opinió pública del paper de l'empresariat en una societat lliure i democràtica".

Inspirat per aquestes idees, vinculades al patrimoni de la tradició liberal, el Cercle d'Empresaris desenvolupa la seua activitat amb una perspectiva de llarg termini, emetent i difonent idees i opinions, i promovent debats i estudis sobre assumptes d'interés general des d'una perspectiva empresarial. El Cercle promou el diàleg amb les diferents institucions polítiques i socials de cara a un millor enteniment del paper de l'empresa com a creadora de riquesa i benestar social.

En la seua configuració jurídica, el Cercle d'Empresaris és una associació no lucrativa d'àmbit nacional, formada per persones físiques que exerceixen llocs executius de primera línia en les empreses i comparteixen l'interés i la inquietud per l'entorn socioeconòmic. El Cercle actua amb total independència de qualsevol tipus de poders i finança les seues activitats exclusivament a través de les quotes dels seus socis. Encara que integrat per un elevat número dels més importants empresaris del país, el Cercle d'Empresaris no té res a veure amb el que tradicionalment s'entén per una patronal: no s'ocupa de la defensa d'interessos concrets, activitat que correspon a una altra mena d'institucions, sinó que se centra en la defensa i transmissió d'idees que afavorisquen el millor desenvolupament econòmic. En síntesi, l'activitat del Cercle és la d'un centre de pensament o promotor d'idees.

Des del seu naixement, el Cercle d'Empresaris ha contribuït molt activament amb les seues idees a la configuració i permanent millora del model de societat pluralista, lliure i moderna adoptat per Espanya i, en un àmbit més ampli, per la Unió Europea (UE). En aquesta compartim amb els països més desenvolupats de la zona una economia inspirada en la llibertat empresarial com la via més adequada per al creixement econòmic i la creació d'ocupació estable i, en síntesi, per a la consecució dels majors nivells de benestar social.

En el seu naixement, el Cercle va congregar a mig centenar dels més importants empresaris del país. En l'actualitat, integren aquesta associació més de dos-cents trenta empresaris pertanyents als més variats sectors d'activitat, entre els quals es troben els més estratègics.

Els empresaris integrats en el Cercle dirigeixen empreses que donen ocupació a prop de 600.000 treballadors, facturen més de 125.000 milions d'euros i, entre les quals ofereixen serveis financers, gestionen uns actius totals mitjans que superen el bilió d'euros. El seu pes en l'economia espanyola és pròxim al 14% del PIB.

L'activitat de pensament i generació d'idees i opinions pròpies s'articula en el Cercle a través dels seus comités i es concreta en els seus documents. La forma de funcionament d'aquests comités té unes característiques molt singulars, ja que els socis del Cercle participen directament en l'elaboració dels documents que s'editen i que són fruit d'un treball en equip i d'un consens final. Això diferència al Cercle d'altres institucions similars, tant nacionals com internacionals, en les quals els socis financen les activitats però no elaboren els documents, que se solen encarregar a experts externs.

En l'actualitat existeix un comité permanent (Comité de Política Econòmica) i diversos Comités ad hoc que es constitueixen amb la tasca específica d'elaborar un determinat document.

Les activitats del Cercle es concreten a través de tres vies d'actuació: elaboració d'idees, centre de debat i cooperació amb la societat. Respecte a la primera d'elles, aquesta activitat es plasma en l'elaboració d'estudis i documents sobre els més variats temes relacionats amb el món de l'empresa. El Cercle es constitueix també com a centre de debat, organitzant assemblees de caràcter intern en les quals intervenen convidats d'honor del món polític i empresarial, tant nacional com internacional, i convocant actes públics en els quals s'aborden temes d'actualitat amb motiu de la presentació d'alguns dels seus treballs.

*Privatitzacions*

La necessitat de privatitzar el sector públic empresarial ha sigut un dels temes sobre els quals el Cercle ha contribuït a crear un estat d'opinió, que va cristal·litzar posteriorment en un ampli procés de privatitzacions. El Cercle ha expressat també la seua preocupació pel que considera un renaixement del sector públic empresarial ja que les comunitats autònomes i corporacions locals, mitjançant el procediment de crear i avalar empreses, estan generant un deute públic semioculta que amenaça seriosament les finances públiques.
*Equilibri pressupostari*

L'estabilitat de les finances públiques i la necessitat d'acabar amb el dèficit públic han sigut unes constants en els documents del Cercle, en els quals s'analitzen regularment la política econòmica del Govern i, més concretament, els Pressupostos Generals de l'Estat. La veu del Cercle s'ha pronunciat des dels seus inicis contra el dèficit públic, contra l'excessiva despesa pública que el genera i en favor del creixement estable de l'economia espanyola, exercint un sever control sobre la inflació i altres desequilibris bàsics d'aquella.

*Sistema de pensions*

Quant a les Pensions, el Cercle ha sigut una de les institucions pioneres a Espanya a cridar l'atenció sobre els inconvenients de l'actual sistema de repartiment. En aquest sentit, el Cercle va proposar en el seu moment un model de reforma que ens permeta passar de manera progressiva del model de repartiment al de llibertat d'elecció i estalvi privat, mantenint una xarxa bàsica de protecció social. Aquest és un tema en el qual el Cercle continua treballant activament i que el poder polític no ha abordat encara a fons limitant-se, fins hui, a desenvolupar el denominat Pacte de Toledo, que ajorna la resolució d'aquest important problema. El Cercle ha reiterat la seua proposta de reforma del sistema de pensions amb l'objectiu final d'implantar un sistema que millore els nivells d'aquelles, reduïsca les cotitzacions socials i estimule l'estalvi nacional.

*Aigua*

També s'ha pronunciat el Cercle sobre qüestions d'interés econòmic i social com el problema de l'aigua. Per a la seua solució ha proposat un nou marc normatiu que contemple aquest escàs recurs com un bé econòmic susceptible de ser explotat i distribuït per la iniciativa privada, a fi de millor satisfer la demanda dels consumidors i de les nombroses activitats productives.

En síntesi, i d'acord amb la seua filosofia liberal, una societat civil forta i un Estat fort, encara que limitat, són per al Cercle les dues condicions bàsiques del progrés social i econòmic. En aquest sentit, el Cercle ha expressat en diverses ocasions la necessitat de limitar l'acció de l'Estat a les seues funcions bàsiques de defensa i seguretat interior, justícia, representació exterior, protecció dels drets de propietat, educació i garantia d'una xarxa bàsica de cobertura per als més necessitats.

### 4.1.2. Cap a les RRLL: organitzacions d'ocupadors.

**1a ETAPA:** Fins a finals del s. XIX, l'associacionisme empresarial no pren la forma d'ORGANITZACIONS D'OCUPADORS.

- **Els empresaris no s'organitzen cap al mercat de treball o les RRLL ->** intents de mantenir posició dominant (interessos de classe).

- **Els empresaris tracten d'evitar la institucionalització de les RRLL col·lectives.**
  - ✓ Tracten de bloquejar la consolidació dels sindicats.
  - ✓ Exigeixen la prohibició i la repressió de les activitats obreres.

La **NEGOCIACIÓ** amb l'empleat ha de ser individual i no subjecta a regulació. **És un aspecte privat i restringit a l'àmbit de l'empresa.**

**2a ETAPA:** Entre finals del segle XIX i principis del XX els empresaris es veuen **obligats a unir-se contra el moviment obrer i sindical.** En aquells anys les vagues de masses i les amenaces de vaga general a diferents països (Anglaterra, Bèlgica, Alemanya, etc.) van posar en perill el funcionament industrial.

- La consolidació de la industrialització fa que les empreses cresquen en grandària formant grans fàbriques, homogeneïtzant la classe treballadora (norma social d'ocupació estàndard) **creant una consciència de classe i**

**consolidant el sindicalisme com a actor col·lectiu** legítim per reequilibrar l'asimetria de poder entre capital i treball.

- Les associacions ocupadores sorgeixen com a resposta de la classe capitalista a la creixent influència social dels sindicats. Per això, **es denominen les associacions ocupadores com a "reactives".**

**3a ETAPA:** Les associacions empresarials es desenvolupen a partir del canvi de mentalitat a l'empresariat, que gradualment canvia d'actitud davant del moviment obrer a partir del segle XX, per dues qüestions:

1- **Un canvi ideològic,** amb el concepte de la funció social de la propietat.

   L'empresariat gestiona un bé social encara que siga de la seua propietat.
   Les empreses no poden sostraure's dels greus problemes socials com la desocupació, la pobresa i les conseqüències de la industrialització.

2- **La figura del Gerent.** Amb l'emergència de les grans empreses com a Societats Anònimes (SA), sorgeix la figura del Gerent diferenciant-se la propietat de l'organització. El Gerent és un director tècnic que se centra en els elements estratègics de l'organització tant al mercat de productes com al mercat de treball, el paper de la legislació i els sindicats.

**E**s **passa de la concepció del sindicalisme com a motor de la dinàmica interna** de les relacions laborals, a presentar atenció a l'orientació de les polítiques de les associacions empresarials, **al coneixement de les estratègies i dels estils de gerència.**

---

**Lectura 4,2. LA DIVERGENT LÒGICA ASSOCIATIVA DEL TREBALL I DEL CAPITAL**

Si comparem les associacions empresarials amb els sindicats únicament respecte a aquestes propietats d'organització formal, sembla haver-hi, a primera vista, un cert nombre de similituds; aquestes són normalment utilitzades per a definir el de concepte de "grup d'interessos", dels quals tots dos tipus d'organitzacions es consideren llavors que són subcasos.

Per exemple, trobem en aquesta mena d'organitzacions una afiliació voluntària, una estructura de presa de decisions més o menys burocràtica, una dependència de recursos materials i motivacionals, uns esforços per canviar els respectius entorns en uns altres més favorables i així successivament. [...] Una anàlisi d'aquesta naturalesa exigeix alguna cosa més que un simple examen del mateix procés d'organització. El que es necessita, a més, és analitzar les característiques específiques del que, en termes d'anàlisi orgànica, podrien
denominar-se factors de producció (és a dir, què cal organitzar) i naturalesa del producte

(és a dir, les condicions d'èxit estratègic que caldria trobar al voltant de les organitzacions). Aquests dos factors contextuals són ací considerats com a determinants fonamentals d'aquelles estructures i pràctiques que completen el procés intern dels dos tipus d'organització.

1-Factors de producció. Què és el que organitzen els sindicats? Aquesta senzilla pregunta no pot ser resposta en termes tan simples. Organitzen el treball, als treballadors o els interessos dels treballadors; o potser el que Marx considera com l'única potència generadora de valor, és a dir, la força de treball? Per a una millor comprensió del que és exactament el "factor de producció" dels sindicats recordarem, en primer terme, que són associacions de persones que, abans d'afiliar-se a ells, pertanyen a altres organitzacions, és a dir, que són empleats d'empreses capitalistes. Així doncs, els sindicats són organitzadors "secundaris", mentre que el mateix capital actua com a organitzador primari.

En quin sentit organitza el capital als treballadors? La seua funció consisteix a combinar els béns de treball i capital de manera que es produïsca una plusvàlua. No obstant això, els dos elements que el capital combina es componen de força de treball; només es diferencien en el fet que un és el resultat de la força de treball que ha sigut aplicada en el passat (treball congelat en uns béns de capital als quals, en conseqüència, Marx denomina a vegades treball "mort"), mentre que l'altra és una força de treball amb tota la seua potència actual (treball "viu").

Abans que els capitalistes puguen començar a combinar aquestes dues categories d'elements, han d'adquirir-les. La forma en què això es duu a terme és, en tots dos casos, a través d'un contracte. Tals contractes no impliquen cap problema en el cas del treball "mort" o béns de capital; el capitalista es limita, en aquest cas, a transformar el capital líquid en una maquinària determinada i en matèries primeres.

Contractar amb els titulars de la força de treball, és a dir, ocupar la "mà d'obra viva", no és, no obstant això, tan senzill com comprar una mà d'obra "morta" ja instal·lada. Òbviament, els capitalistes no poden comprar la mà d'obra en si com si fora una determinada quantitat d'activitat. Per contra, es veuen obligats a utilitzar incentius, coaccions, etc. amb els titulars de la força de treball –és a dir els treballadors- a fi de portar-los al treball i mantindre'ls en ell. [...] El problema fonamental amb el qual ha d'enfrontar-se el capitalista és el fet que la mà d'obra que ell o ella desitgen combinar amb els altres factors de producció no és físicament separable del titular de la força de treball. Aquesta roman en tot moment sota el control físic dels treballadors, les aspiracions dels quals, experiències, interessos i disponibilitat subjectiva per al treball influiran sempre en el procés laboral concret. El treball només pot ser realitzat pels treballadors, encara que la seua força de treball "pertanga" legalment al capitalista. [...] La forma atomitzada del treball viu, que està en conflicte amb la forma integrada o líquida del treball "mort", provoca una relació de poder; el capital (o treball "mort") de cada empresa està sempre unit des del principi, mentre que el treball es troba atomitzat i dividit per la competència. Els treballadors no poden fusionar-se; com a màxim associar-se a fi de compensar parcialment l'avantatge de poder que el capital obté de la liquiditat del treball "mort". [...] La formació de sindicats i d'altres formes de treballadors és una resposta no sols teòrica, sinó també històrica, a l'associació que ja s'havia produït per part del capital, a saber, en la forma d'una fusió de nombroses unitats de treball "mort" sota la mà d'un patró capitalista.

En tots els països capitalistes la seqüència històrica s'ha produït d'aquesta manera: el primer pas és la "liquidació" dels mitjans de producció dels xicotets productors de béns i la fusió d'aquests en empreses industrials capitalistes, i el segon pas és l'associació defensiva dels treballadors i, el tercer és l'esforç associatiu que és ara realitzat per part de les empreses capitalistes que, a més de continuar amb la fusió del capital, s'agrupen en organitzacions formant-les a fi de promoure alguns interessos col·lectius. El que es deriva d'aquesta seqüència és que [...] a) els dos tipus d'organització que estem intentant comparar emergeixen en punts clarament diferents de la història de la lluita de classes, la qual pot ser analitzada com una successió de passos estratègics donats per totes dues parts, i b) que el capital té als seus ordres tres formes diferents d'acció col·lectiva per a definir i defensar els seus interessos –la mateixa empresa, la cooperació informal i les associacions de patrons o empreses- mentre que el treball compta amb una.

2. Processos interns. A fi de mobilitzar el poder enfront del món exterior, les organitzacions empresarials necessiten part dels recursos (com a quotes d'afiliació i informació) dels seus membres, recursos que s'utilitzaran llavors per part de l'experta direcció de l'associació de manera que contribuïsquen útilment. El que els sindicats necessiten per afegiment és la participació activa conscient i coordinada dels seus membres, és a dir, com a recurs final, la disposició d'anar a la vaga. En termes més simples, una diferència entre els dos tipus d'organització descansa en el fet que una d'elles depén de la seua capacitat de generar en els seus membres "disponibilitat a pagar", mentre que l'altra depén, a més, de la seua capacitat de generar en els seus membres "disponibilitat a actuar". Aquests dos diversos requisits orgànics assignen tasques diferents de les respectives direccions dels grups.

3. Productes organitzatius. Lindblom ha sostingut amb contundència que el capital, estiga en l'àmbit de l'empresa individual o de les associacions empresarials, es troba en una posició de poder privilegiada que es deriva del fet que, en una societat capitalista, l'Estat depén de l'èxit de procés d'acumulació. Fins i tot abans de començar a exercir pressions i plantejar exigències polítiques explícites al govern, el capital gaudeix d'una posició de control indirecte sobre els assumptes públics. [...] Aquesta situació fa aconsellable als governs prestar una especial atenció al que els empresaris han de comunicar bé individualment o a través de les seues associacions. [...] L'actitud tan summament atenta davantels interessos empresarials que tot govern d'un Estat capitalista es veu obligat a assumir redueix substancialment els esforços de "trucar a les portes" [als empresaris se'ls ha de convidar abans que criden]. Tota la relació entre el capital i l'Estat s'edifica no sobre el que el capital pot fer políticament a través de les seues associacions [...] sinó sobre el que el capital pot negar-se a fer en termes de decisió d'inversions per part de les empreses individuals. Aquesta relació asimètrica de control fa, per comparació, discretes les formes de comunicació i interacció entre les associacions empresarials i l'aparell d'Estat que basten per a complir els objectius polítics del capital.

Offe, Claus (1992). *La gestión política.* Madrid: Ministerio de Trabajo y Seguridad Social, fragments de les pàgines 55-58.

## 4.2. Maneres i lògiques d'actuació empresarial

**Offe – política**
- La principal **motivació empresarial és política**: l'exercici del <u>poder</u> intern de l'empresa, el control de la força de treball i la <u>reproducció de les relacions de producció capitalista</u>.

**Lanzalaco – economicista**
- La gestió de l'empresa i les decisions empresarials en matèria d'organització del treball es prenen sobre la base **d'eficiència econòmica.**

### 4.2.2. Tipus d'acció nivell polític: monològic / dialògic: Offe (1992)

#### *Lògica empresarial monològica*

- **Com a emprenedors**: Les organitzacions empresarials representen interessos materials, econòmics i polítics: obtenció d'una determinada **taxa de beneficis.**

- **Com a ocupadors: Principal factor que uneix els interessos empresarials: els costos laborals** (salaris, seguretat social, polítiques d'ocupació).

**La principal motivació és política:**
- (1) Controlar la força del treball.
- (2) Reproducció de les relacions de producció capitalista.

La forma de **mediació entre l'organització empresarial i les empreses és menys complexa que la dels sindicats.**
- ✓ No necessiten mobilitzar ni crear consciència ni consultar constantment a les seues bases.
- ✓ Els interessos empresarials són homogenis.
- ✓ Tenen un "locus" molt concret: l'empresa.

#### *Lògica sindical dialógica*

- Els sindicats reivindiquen **interessos materials** (salaris, condicions de treball) i **morals** (solidaritat de classe, suport mutu).

- Han de mediar amb **bases socials molt més complexes**: individus i grups de treballadors.

- Comunicar-se amb les seues bases és molt més **complicat i lent** (crear consens).

- Necessiten harmonitzar **interessos heterogenis** (econòmics, polítics, **IDEOLÒGICS).**

- El "locus" és l'empresa, però hi ha **dificultats per a connectar amb la xicoteta.**

- Els sindicats són **organitzacions de solidaritat** vs. interessos privats d'empresa.

### 4.2.3. Tipus d'acció a nivell econòmic: emprenedors i ocupadors (Lanzalaco, 1995)

*Com a ocupadors*
- L'acció de les associacions empresarials s'articulen a partir dels **interessos de classe: mantindre una posició dominant.**
- El principal **interlocutor en aquest camp és el sindicat.**

*Com a emprenedors*
- Els interessos empresarials s'articulen en funció del **mercat de productes**, els interessos sectorials i comercials.
- El **principal interlocutor és l'Estat**, que decideix sobre la política econòmica del sector
- Les decisions empresarials es prenen sobre la base del criteri de **l'eficiència econòmica.**

LANZALACO (1995) avalua el tipus de decisió a què s'enfronta l'empresari en cadascun d'aquests plànols/continguts.

| | COM A OCUPADOR (de RRLL) | COM A EMPRENEDOR (estratègic - operatives) |
|---|---|---|
| EN L'ÀMBIT INDIVIDUAL (dirigent d'empreses) | **(A) Diferents tipus d'acció** (paternalista, consulta, gestió RH) <br><br> Direcció de personal o gestió de recursos humans, relació amb els sindicats dins de l'empresa, consulta, negociació. | **(B) Acció relativa a la tecnologia** (racionalitat econòmica: eficàcia, eficiència i maximització de beneficis) <br><br> Disseny d'estratègies competitives i de millora de rendiment, R+D, màrqueting, organització del treball. |
| EN L'ÀMBIT COL·LECTIU (cartells, consorcis, grups de pressió) | **(C) Interessos de classe, polítics i socials i influència al mercat de treball** Associacionisme empresarial orientat cap al mercat de treball, la regulació laboral o la negociació col·lectiva (àmbit limitat). | **(D) Àmbit + estrictament econòmic** Associacionisme per a influir en política econòmica, comercial, o en la construcció d'organitzacions (pluralitat de mitjans i camps d'acció). |

| | Acció com a Ocupadors | Acció com a Emprenedors |
|---|---|---|
| Mercat sobre el qual es formen els interessos | Mercat de treball | Mercat de productes |
| Eix de divisions sobre el qual es forma l'interés | Classe | Sector econòmic |
| Tipus d'associacions que representen els interessos | Associacions ocupadores | Associacions comercials |
| Tendència generada per els interessos | Centrípeta | Centrífuga |
| Principals interlocutors de les associacions | Sindicat | Estat |
| Principi de legitimació de l'acció | Defensa dels interessos col·lectius dels empresaris com a ocupadors de força de treball | Defensa dels interessos com a emprenedors i venedors de productes |
| Paràmetre d'organització de l'acció | Territori | Sector |
| Principal causa històrica de l'emergència dels interessos | Conflicte de classe entre treballadors i capitalistes | Conflicte entre capitalistes de diferents sectors |

## 4.3. Decisions individuals com a ocupadors: estils de gestió de les RRLL

A partir del **"quadrant A"** de la taula anterior, l'empresari pot adoptar diferents **ESTILS DE GESTIÓ DE LES RRLL** (*conjunt de decisions de gestió de l'empresari com a ocupador dins del pla d'empresa individual*).

(1)    TRADICIONAL PATERNALISTA.

(2)    FORDISTA - INDUSTRIAL.

(3)    Segons el DISCURS DE GESTIÓ DE RH

Cada estil de gerència ofereix una sèrie de **trets característics d'aproximació a les RRLL** -> Gestió del conflicte i negociació amb la contrapart laboral, siga un treballador individual o els seus representants col·lectius.

| ESTIL DE GERÈNCIA TRADICIONAL-PATERNALISTA. CARACTERÍSTIQUES | |
|---|---|
| MODEL DE **GESTIÓ POC DESENVOLUPADA** | Persegueix el **control directe del treball i evitar el conflicte** dins de les RRLL (fortament disruptiu). |
| CARACTERÍSTIC DE **PIMES** | ... i de grans conglomerats empresarials asiàtics (coherent amb el **model de sindicalisme d'empresa**). |
| ESTABLIMENT D'UNA **RELACIÓ INFORMAL** AMB EL TREBALLADOR | **Directa i individualitzada.** Proporciona **tutela i seguretat al treballador a canvi de lleialtat i fidelita**t (empresa com a família extensa). |
| **NEGOCIACIÓ LIMITADA** | **L'autoritat resideix únicament en l'ocupador.** S'exigeix de l'empleat l'acatament dels costums i l'obediència. |
| LES RRLL SÓN UN TEMA ESPECÍFIC **D'EMPRESA** | Des d'aquest estil de gerència **no s'incentiva el desenvolupament de formes organitzatives supraempresarials d'ocupadors** (*quadrant C*). |

| ESTIL DE GERÈNCIA INDUSTRIAL-FORDISTA. CARACTERÍSTIQUES | |
|---|---|
| MODEL DE **GESTIÓ DESENVOLUPADA** | Empreses amb **funció directiva** desenvolupada per executius professionals. |
| CARACTERÍSTIC **D'EMPRESES DE GRAN GRANDÀRIA** | Del sector industrial, bancari, infraestructures o de l'administració pública, amb **gran volum d'ocupació** i diversos centres de treball... i diferents sistemes de RRLL **neocorporativistes i pluralista anglosaxó.** |
| ESTABLIMENT D'UNA **RELACIÓ COL·LECTIVA** AMB EL TREBALLADOR | **Control del treball col·lectiu** des d'una perspectiva **impersonal i burocratitzada** (reglaments). Lògica d'organització social del treball industrial (*trinomi Taylor-Ford-Sloan*): fragmentació de tasques i **control burocràtic** de l'acompliment. |
| **NEGOCIACIÓ COL·LECTIVA** | Afavoreix el **desenvolupament dels sindicats** com a interlocutor necessari. **Ordre intern** de les RRLL i gestió del conflicte. |
| **RRLL TAMBÉ SUPRAEMPRESARIALS** | Afavoreix el **desenvolupament d'organitzacions d'ocupadors.** |

## ESTIL DE GERÈNCIA DE GESTIÓ DE RH. CARACTERÍSTIQUES

| | |
|---|---|
| MODEL DE **GESTIÓ COMPLEXA** | Atenció a la **diversitat interna i individual** del col·lectiu laboral (*doble dimensió*). |
| CARACTERÍSTIC **D'EMPRESES POSTFORDISTES** | **Nou model d'organització social del treball** (*recomposició i menor fragmentació de tasques, autonomia del treballador, acte-responsabilització, polivalència, etc.*). |
| ¿NEGOCIACIÓ COL·LECTIVA O INDIVIDUALITZADA? | **Relació ambivalent** amb les formes de representació col·lectives (no exclou al sindicat excepte en determinades empreses dels EUA)... però **negociació econòmica individualitzada**. |
| PERSPECTIVA INTEGRAL DE LA GESTIÓN DE LAS RRLL | La gestió de RH no sols afecta les RRLL com a transacció econòmica i procés de negociació per a la determinació de les condicions de treball. <u>Persegueix la implicació del treballador en altres processos: productivitat i qualitat.</u><br><br>**IMPORTÀNCIA ESTRATÈGICA DE LA GESTIÓ DE RH.** (per mitjà de la <u>participació i motivació de la força de treball – quadrant A</u> – és possible millorar el rendiment econòmic de l'empresa – *quadrant B*) |

## 4.4. Funcions de les organitzacions empresarials

1- **Funció de negociació:** <u>per mitjà de la negociació col·lectiva</u> aquesta és la principal funció (com a ocupadors) en el terreny de les relacions laborals, pel que fa a fixar les condicions generals de treball, el creixement dels salaris, el control de la inflació, els tipus de contractes laborals, la determinació del temps de treball, l'edat de jubilació i uns certs compromisos per a crear ocupació.

2- **Intervenció en la resolució de conflictes:** disseny, negociació i aplicació <u>d'una normativa de conflictes</u>. En general, aquesta normativa per a la resolució de conflictes ha evolucionat des de l'àmbit de l'empresa primer, per a passar després a normes d'àmbit local i, finalment, a normes d'àmbit nacional. En aquest àmbit té un lloc destacat <u>les normes relatives a la mediació en els desacords en la negociació, així com les referides a la interpretació dels convenis col·lectius.</u>

3- **Serveis de consulta, assessorament i formació:** s'han estés a partir dels anys vuitanta i recau sobre <u>les associacions empresarials sectorials, territorials i fins i tot locals (assessorament legal, fiscalitat, política de rendes i assessorament en matèria salarial).</u> L'expansió de la funció consultiva està relacionada amb la reestructuració industrial i la reorganització del treball en l'empresa, però també amb el notable increment de la legislació laboral sobre ocupació i la intervenció governamental en matèria fiscal.

4- - **Funció de representació d'interessos individuals o col·lectius:** La representació de les confederacions, associacions sectorials o territorials s'exerceix en diferents instàncies: <u>Govern central, autonòmic o local, els sindicats i la societat en general.</u> La representació pot tindre diferents fórmules, com els estudis i informes o programes quasi polítics en els quals s'estableixen objectius de creixement econòmic, condicions necessàries per al desenvolupament, línies d'orientació de la política econòmica, etc... Aquesta funció s'estén també a les pràctiques denominades de grups de pressió "lobys", que constitueix una de les característiques de les associacions empresarials, donant lloc a governs paral·lels.

### 4.5. L'associacionisme empresarial a europa

#### 1- Estructura:

- **UNICE**

  - La Unió de les Indústries de la Comunitat Europea es va crear el març de 1958, per les organitzacions dels sis països que integraven el MCE.

  - Entre 1990 i 1994 va estar presidida per Carlos Ferrer Salat.

**-BUSINESSEUROPE**

  - En gener de 2007 la UNICE es va refundar com a BusinessEurope , per raons tant organitzatives com estratègiques (**emprenedor / ocupador**)
  - Els seus objectius són. (http://www.businesseurope.eu/Content/) :
    - Alliberar l'energia de l'empresa.
        - Dinamitzar la innovació.
        - Fomentar el mercat interior a la UE.
        - Millorar el funcionament del mercat de treball.
        - Informar sobre la política mediambiental europea.
        - Afavorir els canvis i les inversions internacionals.

  - Està integrada per 39 organitzacions de 33 països.

  - Té 60 grups de treball (1.200 experts) que defineixen les seues estratègies i executen una **intensa activitat de *lobbying*.**

  - L'associacionisme empresarial de la UE-25 presenta una **estructura plural i diferenciada quant a models organitzatius, àmbits i funcions.**

  - Segons l'informe *Industrial Relations in Europe 2006* **els sistemes associatius** representats per les organitzacions patronals (EA) cúpula es classifiquen en:

      - *Monopoli representatiu* (una única cúpula representativa): AT,DE,EE, ES, LV, LU, UK

      - *Hegemonia representativa (*diverses cúpules però una dominant*):* BE, DK, FI, FR, IE, IT, SE

      - *Pluralisme representatiu* CZ, CY, EL,LT,HU,MT,NL,PL,PT,SI,SK

Presenten nivells de **coordinació organitzativa** i estratègica diferents:

- **Fort**: països escandinaus i centreeuropeus (corporativisme).

- **Feble**: països anglosaxons i en transició (pluralisme).

- **Mitjà:** països mediterranis (model mixt).

## Estructura de les Confederacions Empresarials a Europa

| PAÍS | Núm. | Grau de coord. | Principal factor de demarcació | | | | | | | |
|---|---|---|---|---|---|---|---|---|---|---|
| | | | General | Sector Econòmic | | | PIME | Eco. Soc. | Agric. | |
| | | | | Indústria | Const | Serv. | | | | |
| BE | 1+5 | Fuerte | FEB | | | | UCM Unizo | CSPO | UPA BB | |
| CZ | 2+2 | Débil | SPCR KZPS | | SPS | | AMSP | | | |
| DK | 1+2 | Fuerte | DA | | | FA | | | SALA | |
| DE | 1 | Débil | BDA | | | | | | | |
| EE | 1 | Medio | ETTK | | | | | | | |
| EL | 3 | Medio | | SEB | | ESEE | GSEBE | | | |
| ES | 1 | Medio | CEOE | | | | | | | |
| FR | 1+3 | Débil | MEDEF | | | | CGPME UPA | Usgeres | | |
| IE | 1+1 | Fuerte | IBEC | | CIF | | | | | |
| IT | 1+1 +10 | Débil | CONFII | | | (2) | Confapi + 4 | | 3 | |
| CY | 2 | Débil | OEB CCCI | | | | | | | |
| LV | 1 | Medio | LDDK | | | | | | | |
| LT | 2 | Medio | LPK | | | | LVDK | | | |
| LU | 1 | Fuerte | UEL | | | | LVDK | | | |
| HU | 8 | Medio | MGYOSZ | OKISZ + 2 | | KISSZ | IPOSZ | AFOSZ | AMSZ MOSZ | |
| MT | 0+5 | Débil | MEA COC | FOI | | MHRA | GRTU | | | |
| NL | 2+1 | Fuerte | VNO | | | | MKB | | LTO | |
| AT | 1 | Fuerte | WKO | | | | | | | |

Font.- Comissió Europea, *Industrial Relations in Europe, Report 2006*

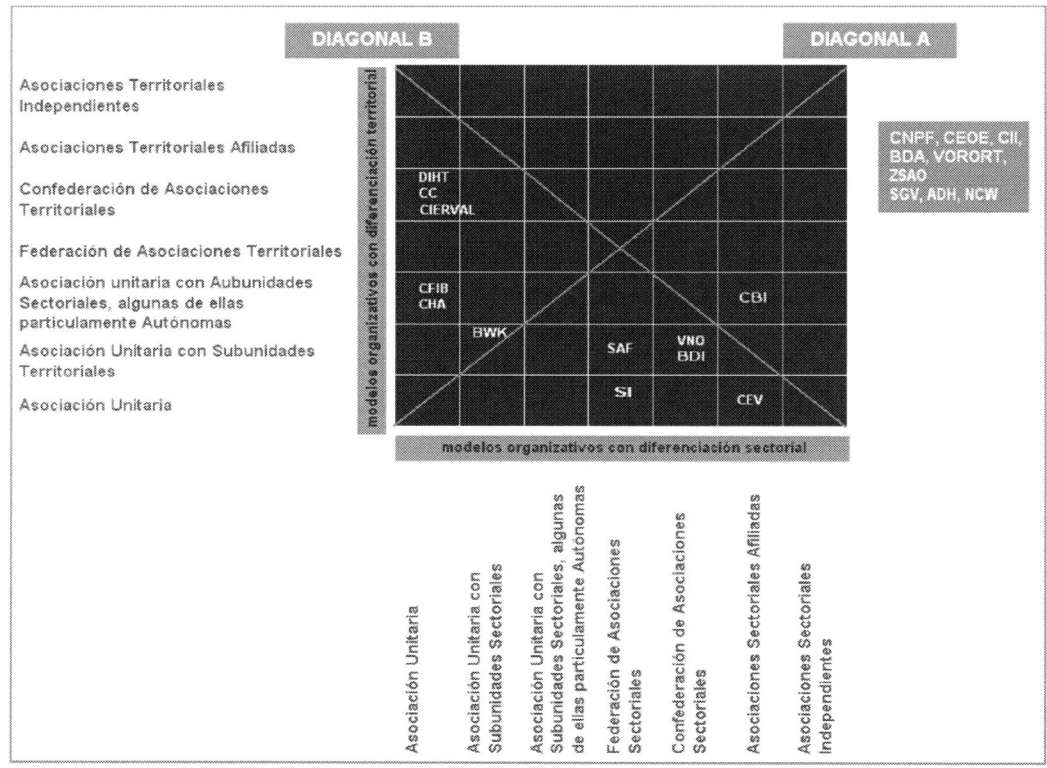

## 2- Taxa d'afiliació patronal

### Density rate of employers' organisations, EU-25

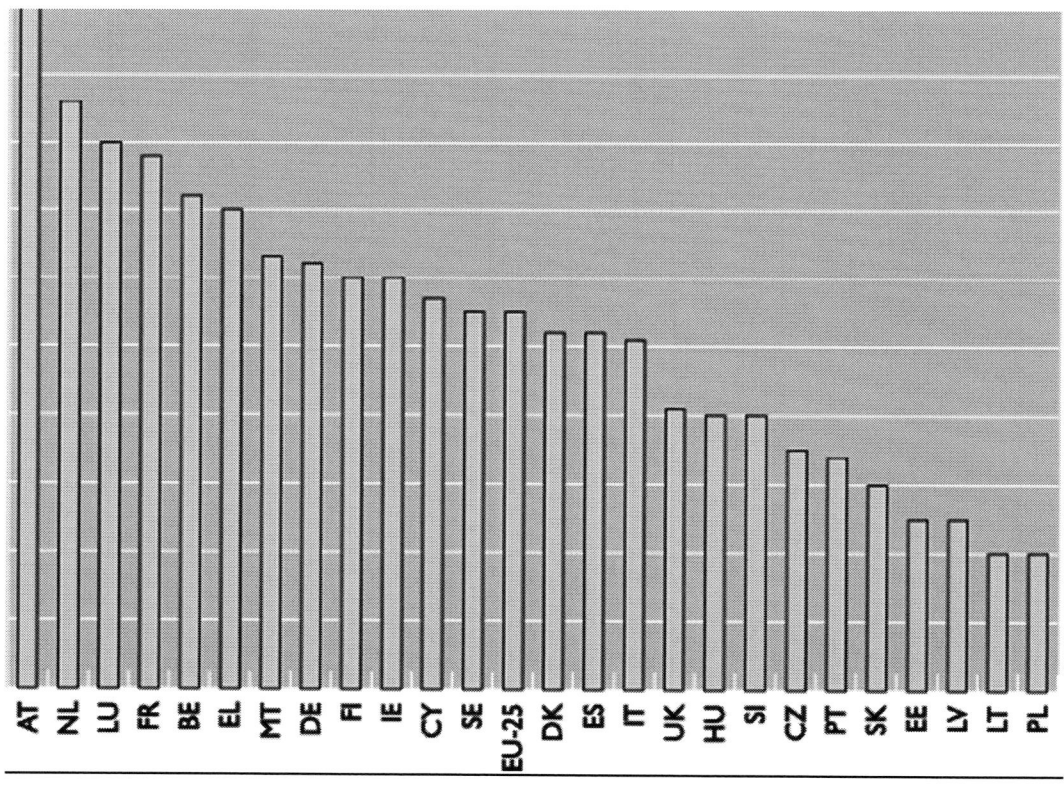

Density =% of employees working in the country for an employers, which is member of an employers' organisation.

### 4.6. L'associacionisme empresarial a Espanya

#### 1- Evolució històrica. Organització formal vs. Influència informal

MERCEDES CABRERA i FERNANDO DEL REY

Analitzen l'evolució històrica de l'associacionisme empresarial espanyol des de les darreries del segle XIX: Cambres de Comerç i organitzacions empresarials.

¿QUIN PODER REAL HA TINGUT L'EMPRESARIAT a Espanya?: **Influència sobre les polítiques públiques.**

- **Gran importància de la perspectiva informal.** *Lobbys* i grups de pressió. Infiltració d'interessos empresarials en partits polítics.

- **Grans empresaris individuals.** Grans empreses de sectors concrets *(banca, infraestructures, distribució)*.

#### 2- Les cambres del comerç

- Les CAMBRES DE COMERÇ d'**INDÚSTRIA I NAVEGACIÓ** constitueixen la primera forma històrica d'organització de l'empresariat a Espanya.

- Mateix origen i funcionalitat que en altres països de l'entorn. **Impuls per al desenvolupament local**. Com a França.

- Sorgeixen a la fi del segle XIX com a associacions d'emprenedors per a vincular els **interessos comercials dels empresaris individuals i representar els seus interessos davant els poders públics (EMPRENEDORS).**

- Substitueixen a les dissoltes organitzacions gremials. Les principals àrees d'interés són les **polítiques públiques de caràcter industrial i comercial.**

- Subsisteixen sota el Franquisme com a **organismes de dimensió local.**
- A partir de la dècada dels vuitanta es converteixen en **òrgans independents transferits a les CCAA**. Cofinançament públic.

- **La Llei 3/1993 de 22/03:** "*òrgans consultius i de col·laboració amb l'administració pública en tot el relacionat amb **la representació, promoció i defensa dels interessos generals del comerç, la indústria i la navegació**".*

- Assumeixen responsabilitats en el disseny de polítiques de **desenvolupament de l'activitat econòmica en l'àmbit local** i en coordinació amb els poders municipals.
  - ✓ La Cambra de Comerç d'Espanya es troba a Madrid.
  - ✓ 88 Cambres de Comerç per tota Espanya i 35 Cambres en l'exterior.

- **La Cambra d'Espanya ofereix** diferents programes d'ajuda a empreses i autònoms que s'engloben en dos grans objectius: **la millora de la seua competitivitat i** l'increment de la seua **internacionalització.**
  En l'àmbit de la competitivitat, les actuacions de la Cambra s'organitzen al voltant de **tres grans eixos:**
  ✓ Formació, emprenedoria i ocupació.
  ✓ Innovació i noves tecnologies.
  ✓ Comerç i Turisme.

- Recolza els emprenedors al llarg del procés de **posada en marxa d'un negoci.**

- S'ocupa de millorar la **formació dels treballadors**, especialment els més joves, com a element bàsic per afavorir la seua ocupabilitat.

- En l'àmbit de la internacionalització **ajuda les pimes a emprendre amb èxit l'eixida cap a l'exterior.**

- Es van veure molt afeblides organitzativament per l'impacte de la CRISI ECONÒMICA.

- El Reial decret 13/2010 de 03/12: *"suprimeix la pertinença obligatòria a les Cambres de tota persona natural o jurídica amb activitat comercial. La contribució deixa de ser obligatòria.* **Supressió del pagament del "recurs cameral permanent".** *¿Quina sostenibilitat tenen les cambres de comerç a partir de la implementació de les quotes voluntàries dels seus membres?*

- Les cambres comercials continuen prestant serveis d'assessorament, cobertura legal, formació i promoció comercial als seus afiliats. **Important: no intervenen a les RRLL.**

### 3- CEOE

| PRINCIPALS FUNCIONS I ÀMBITS DE RESPONSABILITAT DE CEOE | |
| --- | --- |
| 1- **ANÀLISI ECONÒMICA** 'THINK TANK' | Producció d'estudis tècnics sobre l'activitat econòmica i sociolaboral d'Espanya. *'Think tank'* |
| 2- **GRUP D'INFLUÈNCIA** | **Pressió** indirecta sobre el disseny de les polítiques públiques (*per mitja d'informes tècnics*). |
| 3- **INTERLOCUTOR SOCIAL INSTITUCIONALITZAT** | **Representació formal** dels interessos dels seus afiliats cap als processos de RRLL i de la política econòmica en la **negociació col·lectiva** en l'àmbit nacional i regional. <br> - De la **confrontació al pacte social** <br> - Del macro al meso **corporativisme.** |
| 4- **REPRESENTACIÓ DAVANT DE TERCERS** | Defensa dels interessos dels seus afiliats davant els **organismes internacionals** (delegacions davant la UE, BM, OMC, FMI, etc...) o les **autoritats públiques d'altres països.** |

- La CONFEDERACIÓ ESPANYOLA D'ORGANITZACIONS EMPRESARIALS representa els interessos de l'empresariat privat com a **associació mixta d'ocupadors i d'emprenedors.**

- El seu origen se situa en el període de <u>Transició Democràtica (fundada en 1977).</u>

- El procés inicial de conformació d'una **representació unitària dels interessos** de l'empresariat espanyol és altament complex.

- **No afilia a les empreses amb participació pública:** Societat Espanyola de Participacions Industrials (SEPI).

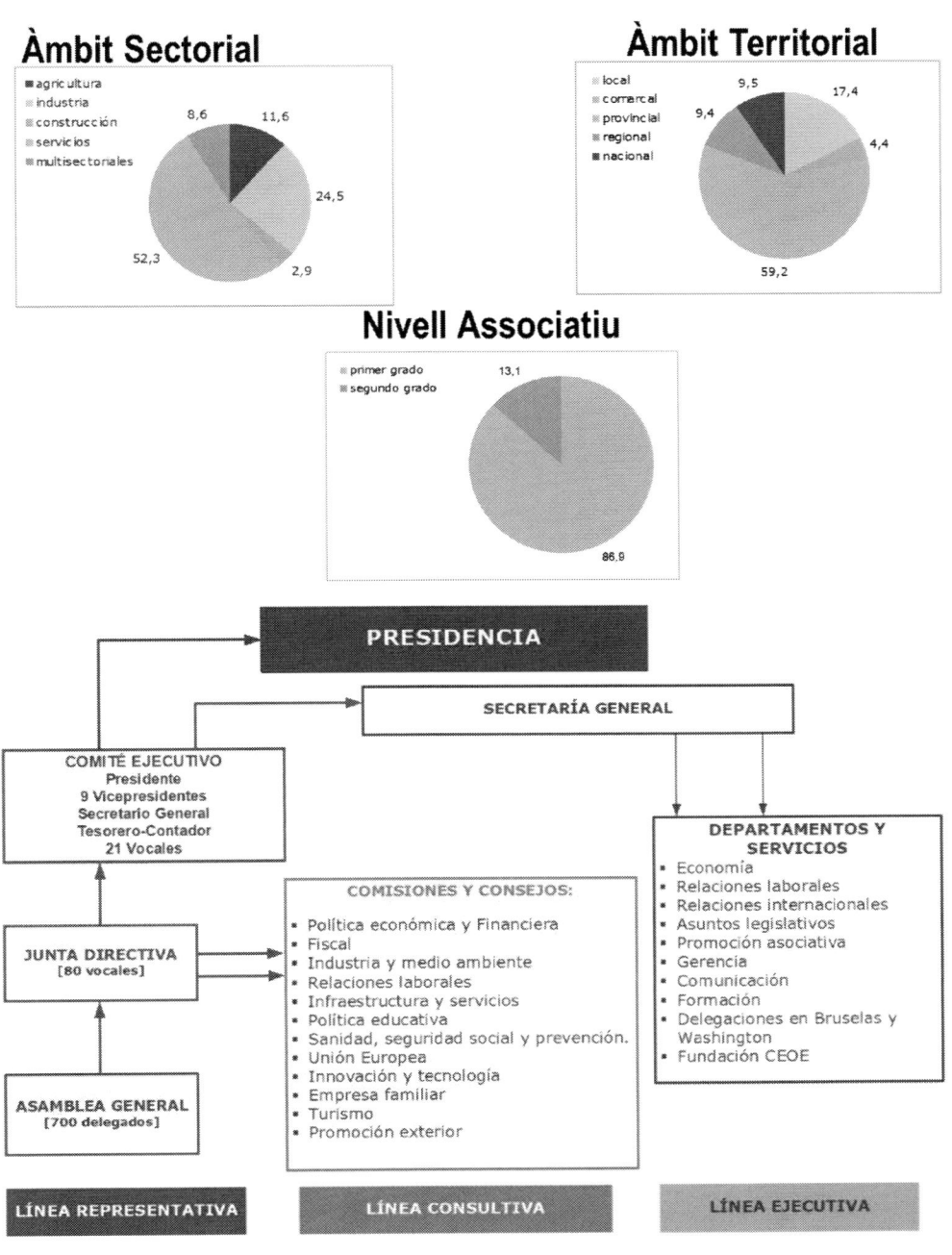

# Tema 5. L'Estat a les Relacions Laborals

L'Estat compleix **tres funcions** essencials com a actor de les RRLL.

1. És **REGULADOR I LEGITIMADOR DE L'ORDRE**, a través de la intervenció en les relacions laborals mitjançant la legislació i la institucionalització de procediments de resolució de conflictes laborals.

2. És **INTEGRADOR** SOCIAL DELS ACTORS DE LES RRLL i dels interessos que representen, a través de la funció de redistribució de la riquesa i equilibrat de la desigualtat social (EB), **PRODUCTOR** de polítiques passives i actives d'ocupació i **OCUPADOR** per al sosteniment de l'EB.

3. És PART INTERESSADA I **COORDINADOR** de la negociació laboral, a través de la concertació social, com a procediment de governabilitat i d'intercanvi polític entre els actors, com ja vam veure en el tema del corporativisme.

## 5.1. La legitimació de l'ordre de les RRLL

### 5.1.1. L'Estat i tipus de normes sobre les RRLL

1. **CONSTITUCIONALS:** Estableixen els drets i llibertats fonamentals de contingut laboral.
   - **Inespecífics:** Drets atribuïts amb caràcter general als ciutadans que, al mateix temps, són treballadors i, per tant, es converteixen en vertaders drets laborals. Exemples:
     o Intimitat i dignitat.
     o No discriminació.

   - **Específics**: són aquells que la Carta Magna reconeix en connexió amb l'àmbit laboral i tenen eficàcia en la relació existent entre l'empresari-ocupador i el treballador-emprat, per la qual cosa el seu exercici se circumscriu a les relacions laborals. Exemples:
     o Dret a l'ocupació efectiva.
     o Promoció professional
     o Seguretat i Salut laboral.

2. **SUBSTANTIVES:** Estableixen els drets i obligacions de les parts (ocupadors i treballadors) (ET). Exemples: jornada laboral, descans setmanal, vacances, salari mínim.
   - L'ET és una norma principalment de **caràcter dispositiva** i que sol establir un **dret mínim necessari**. Exemple: la jornada màxima anual establida en l'ET pot ser reduïda a través de la Negociació Col·lectiva, però mai podrà ser superior a la indicada en l'ET.

- **Dret necessari absolut:** El **dret imperatiu** fa referència a les normes que no poden canviar-se per la voluntat de les parts i són absolutament obligatòries: prohibició de treball als menors de 16 anys.

3. **PROCEDIMENTALS**: estableixen **els actors legitimats, els terminis i els processos** per a elaborar normes o la resolució de conflictes. Per exemple:

- o Negociació Col·lectiva.
- o Vaga.
- o Dret Processal Laboral.

Exemple: Article 41 ET. Modificacions substancials de condicions de treball.
"Art. 41.5: "Sense perjudici dels procediments específics que puguen establir-se a la negociació col·lectiva, la decisió de modificació substancial de les condicions de treball de caràcter col·lectiu haurà d'anar precedida d'un **període de consultes** amb **els representants legals dels treballadors**, de duració no superior a **quinze dies**, que versarà sobre les causes motivadores de la decisió empresarial i la possibilitat d'evitar o reduir els seus efectes, així com sobre les mesures necessàries per a atenuar les seues conseqüències per als treballadors afectats."

Art. 41.6 "La decisió sobre la modificació col·lectiva de les condicions de treball serà notificada per l'empresari als treballadors una vegada finalitzat el període de consultes sense acord i farà efecte en el termini dels **set dies següents a la seua notificació**."

**DRET D'INFORMACIÓ I CONSULTA, PERÒ NO DE PARTICIPACIÓ ACTIVA (NO COGESTIÓ).**

4. **LA INSTITUCIONALITZACIÓ DEL CONFLICTE LABORAL:** l'alternativa al conflicte individual o col·lectiu, és la regulació de procediments extrajudicials de mediació, conciliació i arbitratge per a resoldre'ls entre les parts implicades.

- **La conciliació** és un procediment mitjançant el qual la persona conciliadora intervé amb l'objectiu d'aproximar a les parts oposades en un conflicte. En l'acte de conciliació, les parts compareixen i presenten les seues al·legacions davant **la persona conciliadora** i aquesta, **emet una (o diverses) proposta de resolució** que, de ser acceptada per totes dues parts, les vincula i, per tant, és d'obligatori compliment i pot ser reclamada davant els jutjats.

- El procediment de **mediació** consisteix en una sèrie d'actes en els quals un **mediador actua com a canalitzador de la comunicació** entre les parts. El paper del mediador és d'acostar les postures de les parts implicades en el conflicte perquè arriben a un acord gestionant, per si mateixes, la resolució de la controvèrsia.

- **L'arbitratge** respon a situacions en què les parts enfrontades no es posen d'acord en la solució més adequada i decideixen encomanar a **un tercer la solució de la divergència**, comprometent-se a **complir la resolució** que aquest dicte en forma de laude arbitral. Les parts oposades que prenen part en un arbitratge el fan de manera **lliure, expressa i voluntària.**

**Servei Interconfederal de Mediació i Arbitratge ( SIMA 1998),** després de signar l'Acord sobre Solució Extrajudicial de Conflictes Laborals (ASEC) entre CCOO i UGT amb la CEOE i CEPYME.

**Característiques:**

- Augment progressiu de nombre de casos gestionats, sent una alternativa cada vegada més usada.
- **S'utilitza bàsicament la medicació.**
- L'arbitratge no s'utilitza gaire.
- A la conciliació no es fa referència o es confon amb la mediació.

**La majoria dels conflictes gestionats tracten sobre:**

- La interpretació i aplicació de convenis col·lectius.
- Amb la convocatòria de Vaga.

**Només 1/3 dels casos acaben amb avinença.**

**5.1.2. Models de desenvolupament de la funció de legitimació**

| MODEL ROMANOGERMÀNIC DE LEGITIMACIÓ. INTERVENCIÓ DENSA | |
|---|---|
| INTENSITAT D'INTERVENCIÓ | **Elevada i contínua.** L'Estat és L'actor central de les RRLL. |
| OBJECTIUS | L'Estat persegueix **establir i regular els drets i deures dels actors privats** de les RRLL, que queden recollits en els textos constitucionals i en la regulació laboral. |
| COORDINACIÓ AMB INICIATIVA AUTÒNOMA ACTORS PRIVATS | L'Estat **canalitza i coordina els procediments de negociació autònoma** per part dels actors privats de les RRLL. Com a agents socials, se'ls reconeixen amplis drets de representació i de participació. Els agents socials compten amb capacitat d'iniciativa legislativa a través del diàleg social (en alguns temes). |
| PAÏSOS | **Espanya, Alemanya, França, Itàlia.** |

| MODEL ANGLOAMERICÀ DE LEGITIMACIÓ. INTERVENCIÓ MÍNIMA | |
|---|---|
| INTENSITAT D'INTERVENCIÓ | **Baixa i discontínua.** L'Estat és un actor **d'últim recurs** a les RRLL. |
| OBJECTIUS | L'Estat estableix un conjunt de **reglamentacions i garanties mínimes**: donar <u>cobertura legal als resultats de la negociació autònoma</u> entre els actors privats i individuals de les RRLL. En UK només el pactat al contracte laboral és reclamable davant els tribunals no el convencional. |
| COORDINACIÓ AMB INICIATIVA AUTÒNOMA ACTORS PRIVATS | La regulació de l'Estat és de **baix abast i densitat**: marc <u>de jurisprudència.</u> <br> Els ocupadors i empleats són responsables de la producció d'acords privats, vàlids si s'ajusten a la jurisprudència: **prioritat de la negociació col·lectiva o individual.** |
| PAÏSOS | **Regne Unit, Irlanda, EUA, Austràlia.** |

| MODEL ESCANDINAU DE LEGITIMACIÓ ESTATAL. INTERVENCIÓ 'DELEGATIVA'. | |
|---|---|
| INTENSITAT D'INTERVENCIÓ | **Baixa i discontínua.** L'Estat és un actor de **suport** de les RRLL. No intervé directament, però sí que ho fa de manera indirecta. |
| OBJECTIUS | L'Estat **delega la responsabilitat** de la determinació de les regles i procediments de les RRLL en els agents socials col·lectius. |
| COORDINACIÓ AMB INICIATIVA AUTÒNOMA ACTORS PRIVATS | La intervenció de l'Estat en les RRLL **és limitada.** <br> L'elevat grau de responsabilització dels actors privats consolida un sistema de regulació laboral d'alta densitat, amb cobertures col·lectives elevades emanades de **la negociació col·lectiva centralitzada.** |
| PAÏSOS | **Noruega, Suècia, Dinamarca, Finlàndia** |

## 5.2. Funció d'integració social

### 5.2.1. Concepte i eixos institucionals de l'Estat de Benestar

- L'ESTAT DE BENESTAR (EB) fa referència a la responsabilitat de **redistribució de la riquesa per part de l'Estat, a través d'institucions i polítiques de caràcter social.**

- Part del reconeixement d'una sèrie de DRETS SOCIALS I ECONÒMICS per als ciutadans, semblants quant a importància que els drets civils i polítics.

- L'EB s'orienta a **dos objectius fonamentals**:

(1) **Redistribució:** Millorar les condicions de vida i cohesionar la societat. Amb objectius més o menys ambiciosos de <u>promoció de la igualtat d'oportunitats.</u>

(2) **Protecció:** Proveir als ciutadans de garanties socials capaces de salvaguardar-los davant determinats <u>riscos que el mercat no pot resoldre</u> de forma socialment eficient (vellesa, malaltia, desocupació, etc.).

¿Quines peces o DISPOSITIUS INSTITUCIONALS integren l'EB? Amb variacions de desenvolupament, orientació i gestió segons països...

| ESTAT DE BENESTAR. EIXOS INSTITUCIONALS | |
|---|---|
| SISTEMA EDUCATIU | <u>Igualtat d'oportunitats socioeconòmiques.</u> A Espanya és universal, de finançament públic a través d'impostos i gestió mixta dependent de xarxa pública o concertada. |
| SISTEMA SANITARI | <u>Assistència sanitària a la població.</u> A Espanya és (era) universal, públic i es finança a través d'impostos. |
| SISTEMA DE MANTENIMENT DE RENDES (SEGURETAT SOCIAL) | <u>Manteniment de rendes.</u> A Espanya és mixt: (1) **contributiu**, pensions de jubilació i assegurança de desocupació; (2) **assistencial**, en el cas dels subsidis. |
| SERVEIS D'ASSISTÈNCIA SOCIAL | <u>Cobertura social</u> per a col·lectius específics: dependència, conciliació, polítiques d'integració... |

La construcció de l'EB és un PROCÉS MULTIFORME.

És un fenomen propi de les economies industrials i postindustrials
*(¿la Xina?, el Brasil?, l'Índia? ¿Estan començant a construir el seu EB?).*

**Diversos ritmes, orientacions i desenvolupaments en cada país.**

S'identifiquen **QUATRE ETAPES** de desenvolupament de l'EB:
(1)   **D'experimentació** (1879-1929): de Bismarck al Crack del 29.
(2)   **De consolidació** (1930-1945): Entre guerres i el New Deal.
(3)   **D'expansió** (1945-1973): Capitalisme social i Guerra Freda.
(4)   **De crisi i redefinició** (1973-): Crisi industrial i Neoliberalisme.


## 1- Etapa d'EXPERIMENTACIÓ (1879-1929):

(1) Irromp a l'**agenda pública el debat sobre les desigualtats**. Paradoxa de societat més rica amb major pobresa. <u>Preocupació per la tensió social en àmbits burgesos.</u>
   ✓ *"Evolució preventiva des de dalt': Puritanisme Victorià, Doctrina Social de l'Església, Maurista.*

(2) Es **consolida el moviment obrer organitzat**, amb discursos revolucionaris com el marxisme o l'anarquisme.
   ✓ *de Marx a Bakunin o a Kropotkin: subversió violenta del sistema.*

(3) **L'Estat,** progressivament, adquireix responsabilitat en **la regulació de la relació laboral i les cobertures socials.**
   ✓ *de les Factory Acts a les primeres assegurances socials obligatoris.*

- OTTO VON BISMARCK (1815-1898), canceller de Prússia i artífex polític de la Unificació d'Alemanya.

- **Primer model d'EB.** Drets socials recollits per la Constitució de 1872. Intencionalitat preventiva.

- **Primers sistemes d'assegurament obligatori** de caràcter contributiu: **dependents de cotització prèvia.**

- **Cobertures esteses a la unitat familiar de cotització.** *1883 assegurança de malaltia; 1884 de sinistralitat laboral; 1889 de jubilació.*


## 2- Etapa de CONSOLIDACIÓ (1930-1945):

(1) En el context **de la primera crisi sistèmica del capitalisme**. Gran Depressió anys 30': <u>desocupació massiva</u>.

(2) **Recrudescència de les tensions socials i polítiques.** Imminència de l'horitzó revolucionari: <u>comunisme i feixismes.</u>

(3) Resposta de l'Estat liberal: **ampliació de responsabilitats i cobertures d'EB**: <u>segur de desocupació</u>. Regulació del mercat laboral: <u>Estat com a creador d'ocupació.</u>

• F.Sr. ROOSEVELT i el 'NEW DEAL'. L'Estat té la responsabilitat d'intervindre en el mercat per a corregir les seues ineficiències **(LES FALLADES DEL MERCAT).**

• **El mercat no és una construcció natural ni s'autoregula**: no existeix la 'mà invisible' de l'Escola de Glasgow.

• **Nou equilibri entre Estat i mercat**: supeditació política del segon.

• L'Estat ha d'afavorir l'activitat econòmica, generant **DEMANDA AGREGADA**, com diu Keynes.

## 3- Etapa D'EXPANSIÓ (1945-1973):

(1) **EB com a realitat institucionalitzada.** Ampliació de les cobertures gràcies a la conjuntura de creixement econòmic sostingut.

(2) **Reconstrucció social del capitalisme: MODEL DE CAPITALISME SOCIAL**: reducció de la desigualtat a través de la redistribució de la riquesa per l'Estat. Context competitiu de la Guerra Freda.
  ✓ *Pau social i estabilitat a canvi de redistribució: sindicats socialdemòcrates i models de relacions laborals democràtics.*

(3) **Consolidació de les diferències entre variants nacionals d'EB:**
  ✓ *Cada país desenvolupa una configuració específica d'EB.*

Fonaments econòmics i socials de l'EB madur:

(1) KEYNESIANISME: **intervenció de l'Estat en l'economia** per a evitar les crisis cícliques del capitalisme.
  ✓ *Actuació racional de 'palanca econòmica', no especulativa i contracíclica.*

(2) Informes BEVERIDGE de 1942 i 1944 sobre desigualtat i pobresa al Regne Unit: SERVEIS SOCIALS MODERNS.

**Universalització d'EB.** Cobertures per a tots no dependents de cotització i finançades a través d'impostos.

## 4-Etapa DE CRISI I REDEFINICIÓ *('ajust o desmuntatge?')* (1973-)

(1) Reaparició dels problemes de creixement econòmic. Crisi del petroli i postindustrialització. Reemergència de la **DESOCUPACIÓ.**

(2) Repte demogràfic: **ENVELLIMENT.** Increment de la població dependent receptora de cobertures socials**.**
✓ *¿Suficients cotitzadors?*
✓ *Problema de productivitat i valor afegit.*

**(3)** Politicoideològic: **NEOLIBERALISME.** Crisi com a resultat de l'atròfia econòmica a la qual condueix l'intervencionisme estatal: volta al mercat. Col·lapse del model econòmic comunista.

**(4) GLOBALITZACIÓ.** L'Estat-Nació no controla les activitats de les empreses transnacionals: dúmping social.

### 5.2.2. Models d'Estat de Benestar

Els diferents països han desenvolupat CONFIGURACIONS ESPECÍFIQUES d'EB..
*(¿És possible introduir un cert ordre? hi ha models d'EB que s'assemblen entre si?').*

**GOSTA ESPING-ANDERSEN** (1947-) proposa una classificació amb grans TRES MODELS D'EB.

**(1) Socialdemòcrata; (2) Conservador; i (3) Liberal.**

**Difereixen** en objectius, fonts de finançament i dispositius de provisió de serveis.

| Tipus d'Estat | Benestar | Prestacions Socials | Gestió de l'ocupació | Països |
|---|---|---|---|---|
| **Liberal** | Mercat | Reduïdes | Residual | Anglosaxons |
| **Conservador** | Família | Moderades | Passiva | Centre Europeus Mediterranis |
| **Socialdemòcrata** | Polítiques públiques | Elevades | Activa | Escandinaus |

---

### Lectura 5.1 ELS RÈGIMS DE L'ESTAT DEL BENESTAR

Quan estudiem les variacions internacionals en els drets socials i en l'estratificació del benestar, trobem ordenaments diferents entre Estats, mercat i família. Per tant, les variacions que trobem en l'Estat del benestar no es distribueixen linealment, sinó que s'agrupen segons els tipus de règim.

En un grup, trobem els estats del benestar "liberal", en el qual predominen l'ajuda als quals es comprova que no tenen mitjans, les transferències universals modestes o els plans modestos d'assegurances socials. Els subsidis afavoreixen principalment una clientela d'ingressos baixos, generalment de classe obrera, dependents de l'Estat. En aquest model, el progrés de la reforma social ha sigut circumscrit rigorosament per normes tradicionals i liberals d'ètica del treball; ací els límits de la protecció social igualen la propensió marginal a optar per l'ajuda social en comptes del treball. Per conseqüents, les regles per a aquests drets són estrictes i sovint estan associades a un estigma; els subsidis, en general, són modestos. Al seu torn, l'Estat estimula el mercat, bé passivament –garantint només un mínim activament –donant subsidis a plans privats de protecció social.

La conseqüència és que aquest tipus de règim minimitza els efectes de desmercantilització, limita amb efectivitat l'abast dels drets socials i construeix un ordre d'estratificació que és una mescla d'una relativa igualtat de pobresa entre els beneficiaris de la protecció social, d'un benestar social per a majories diferenciat pel mercat i un dualisme polític de classe entre els dos. Els exemples arquetípics d'aquest model són els Estats Units, el Canadà i Austràlia.

Un segon tipus de règim agrupa nacions com Àustria, França, Alemanya i Itàlia. En aquest cas, el llegat històric corporativista estatal va ser elevat per a atendre la nova estructura "postindustrial" de classes. En aquests estats de benestar conservadors i fortament "corporativistes", l'obsessió liberal per l'eficàcia del mercat i la mercantilització no va ser mai important i, com a tal, la concessió de drets socials no ha sigut un tema seriosament contestat. El que predominava era la conservació de les diferències d'estatus; per tant, els drets van ser vinculats a la classe i a l'estatus social. Aquest corporativisme va ser subsumit sota una estructura estatal perfectament preparada per a desplaçar al mercat com a proveïdor de benestar social; d'ací que les assegurances particulars i els beneficis addicionals en l'ocupació van jugar de fet un paper marginal. D'altra banda, l'èmfasi de l'Estat a elevar les diferències d'Estatus significa que el seu impacte redistributiu és insignificant.

Però, en general, els règims corporativistes estan també conformats per l'Església i, per això, estan fortament compromesos amb la conservació de la família tradicional. La seguretat social sol excloure a les dones que no treballen i els subsidis familiars estimulen la maternitat. Els centres de dia i altres serveis d'ajuda familiar estan clarament subdesenvolupats; el principi de la "subsidiarietat" serveix per a destacar que l'Estat intervindrà solament quan s'acabe la capacitat de la família per a atendre els seus membres.

El tercer, i sens dubte el més reduït, és el grup de règims compostos per aquells països en els quals el principi d'universalisme i la desmercantilització dels drets socials s'han estés també a les noves classes mitjanes. Podem anomenar-ho com el tipus de règim "socialdemòcrata", ja que en aquests països la socialdemocràcia va ser sens dubte la força dominant impulsora de la reforma social. Més que tolerar un dualisme entre Estat i mercat, entre la classe obrera i la classe mitjana, els socialdemòcrates buscaven un Estat de benestar que promoguera una igualtat en els estàndards més elevats, no una igualtat en les necessitats mínimes com es buscava en altres llocs.
Això implicava, en primer lloc, que els serveis i prestacions s'elevaren fins a uns nivells equiparables fins i tot amb els gustos més particularitzats de la nova classe mitjana; i, en segon lloc, que la igualtat es proporcionaria garantint als obrers la completa participació en la qualitat dels drets gaudits per les més riques.

Aquesta fórmula es tradueix en una mescla d'elevada desmercantilització i programes universals que, no obstant això, s'adapten a expectatives diferenciades. Així, els treballadors manuals arriben a gaudir d'uns drets idèntics als dels empleats i funcionaris; tots els estrats estan inclosos en un sistema de segur universal, si bé els subsidis es graduen d'acord amb els ingressos habituals. Aquest model força al mercat i, conseqüentment, construeix una solidaritat fonamentalment universal a favor de l'Estat de benestar, tots tenen subsidis, tots són dependents i, probablement, tots se sentiran obligats a pagar.

En contrast amb el model subsidiari-corporatiu, el principi és no esperar fins que s'esgote la capacitat d'ajuda de la família, sinó socialitzar prioritàriament els costos de la família (...). El resultat és un Estat del Benestar que subministra prestacions directament als xiquets i es responsabilitza directament de la cura dels xiquets, dels majors i dels necessitats. Així doncs, es compromet (...) per a permetre que les dones puguen triar treballar en lloc de la llar.

D'altra banda, els enormes costos del manteniment d'un sistema de benestar social solidari, universalista i desmercantilitzador, signifiquen que ha de minimitzar els problemes socials i maximitzar els ingressos per salaris. Òbviament, com millor es fa això és amb major nombre de gent treballant i el menor nombre possible de persones vivint de transferències socials. Cap dels tipus de règim alternatius defensa la plena ocupació com una part integral del seu compromís amb el benestar social.

Esping-Andersen, G. (1993), *Los tres mundos del Estado del bienestar,* Ediciones Alfons el Magnànim-IVEI, fragments de les pp. 47-49.

1- **LIBERAL:**

- **El mercat és el proveïdor del benestar.** Sistema sanitari i educatiu privat molt desenvolupat.

- **Es potencia la protecció social privada,** mentre que la protecció pública és subsidiària i de caràcter marginal (prestacions mínimes). La majoria dels treballadors es protegeixen amb assegurances d'empresa o agències privades (prestacions de desocupació, jubilació, etc.), **cosa que implica un alt grau d'estratificació social.**

- **Mecanismes d'intermediació laboral públics pràcticament inexistents.** Gestió privada en l'ajust del mercat de treball.

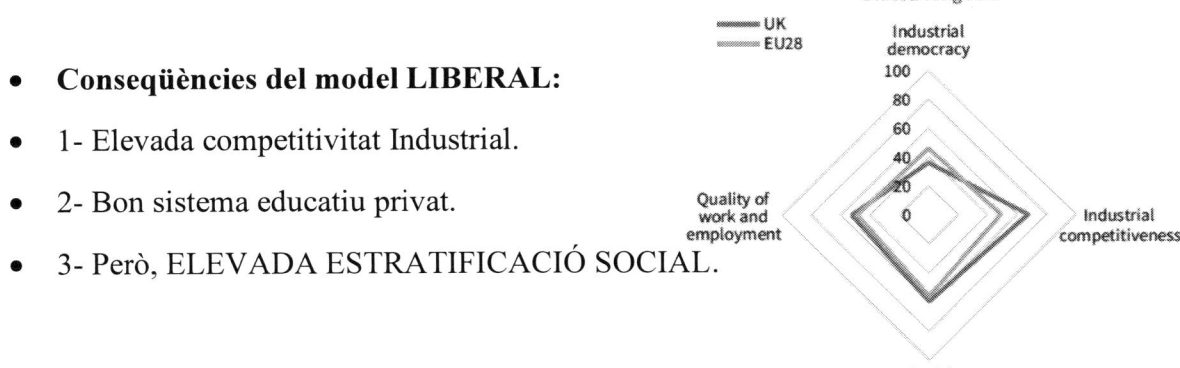

- **Conseqüències del model LIBERAL:**

- 1- Elevada competitivitat Industrial.

- 2- Bon sistema educatiu privat.

- 3- Però, ELEVADA ESTRATIFICACIÓ SOCIAL.

## 2- CONSERVADOR:

- **El benestar social està orientat cap a la família,** sobretot en el model del Mediterrani. L'Estat intervé i és proveïdor de benestar, però no està suficient desenvolupat, per la qual cosa ha d'intervindre la família (sobretot en cures).

- **Les prestacions socials són moderades**, és a dir, existeix sistemes públics de protecció social (prestacions d'incapacitat temporal, permanent, prestació per desocupació, jubilació), però les seues prestacions **se centren en el mercat de treball i són limitades** i, per això, també ha d'intervindre la família. Per exemple, l'Estat garanteix una pensió mínima de minusvalidesa (contributiva i no contributiva), però no finança l'adaptació de l'habitatge com ho fan els Estats amb models socialdemòcrates.

- Desenvolupen **POLÍTIQUES PASSIVES D'OCUPACIÓ.** Són aquelles mesures que busquen mantindre la renda dels aturats el temps que aquests no tenen una ocupació, però són **deficients en LES POLÍTIQUES ACTIVES D'OCUPACIÓ** (intervencions de l'Estat en el mercat de treball per a ajudar (formació i intermediació) als aturats a trobar una nova ocupació).

## 3- SOCIALDEMÒCRATA:

- **El Benestar és proporcionat per l'Estat** que compta amb polítiques públiques molt desenvolupades.

- El sistema de benestar d'aquests països s'articula principalment sobre la base de dos fets (**CORPORATIVISME**):

  o La intervenció politicoeconòmica de l'Estat.
  o I una notable conscienciació i participació política de la societat.

- Per a això, és necessari:

  o **Política fiscal**, això és, dels impostos. La idea d'aquest estat intervencionista resideix en el fet que **ha de redistribuir els impostos de manera equitativa i justa a tota la població i totes les capes socials**, de manera que tothom tinga les mateixes oportunitats de desenvolupament gràcies a una educació pública igual per a tots, una sanitat universal, ocupació de qualitat, accés a l'habitatge, polítiques socials per als més desfavorits, etc.

  o Una de les característiques bàsiques en **les estructures públiques** dels països desenvolupats i de benestar actuals es personifica en **la figura del funcionari.**

- **NO SOLS POLÍTIQUES PASSIVES D'OCUPACIÓ, SINÓ TAMBÉ ACTIVES** per mitjà del MODEL LABORAL DE LA 'FLEXISEGURETAT'.

- Els dos models d'ocupació bàsics són el **flexible i el proteccionista:**

  - El **flexible** estableix poca o cap protecció per part de l'Estat al treballador en cas d'acomiadament. No hi ha indemnització de l'empresa ni subsidi d'atur posterior, alguna cosa que a llarg termini crea greus desigualtats socials. A canvi, els impostos, tant per a particulars com per a empreses són més baixos a conseqüència de les despeses que l'Estat no ha d'afrontar, per la qual cosa en teoria el dinamisme econòmic hauria de ser major.

  - En l'altre extrem, el **model proteccionista** promou la defensa del treballador amb altes indemnitzacions per acomiadament i extenses cobertures per desocupació. El desavantatge d'aquest model és que se sufraga amb impostos alts i acaba alentint molt el creixement perquè no hi ha massa mobilitat laboral.

  - La **flexiseguretat** és un punt mitjà entre els dos conceptes tradicionals, i aconsegueix mantindre tant la protecció al treballador com la capacitat de creixement de les empreses gràcies a un model laboral flexible. En aquest model, **la contractació i acomiadament de treballadors és gratuïta**, però a l'hora de protegir el treballador, **l'Estat proporciona un subsidi** elevat perquè no veja molt minvada la seua capacitat de compra, així com **fomenta que el treballador es forme i adquirisca noves o renovades** competències laborals de cara a una reinserció en el mercat laboral el més ràpida possible i en un lloc de qualitat.

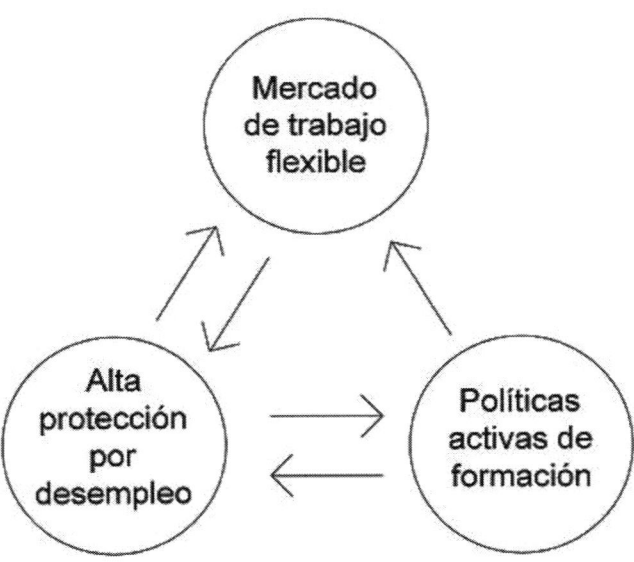

## Lectura 5.2. L'EVOLUCIÓ DE LA PROTECCIÓ SOCIAL A ESPANYA

En aproximar-se a l'evolució de la protecció social pública a Espanya des dels seus inicis fins a l'actualitat, l'investigador s'enfronta, sens dubte, a una tasca molt complexa. Per a afrontar-la resulta imprescindible, en primer lloc, prendre com a punt de partida l'últim terç del segle XIX, en un moment en el qual els poders públics, és a dir , l'Estat, encara menyspea la possibilitat d'intervindre en les qüestions socials i es mostra poc inclinat a impulsar institucions protectores de caràcter obligatori amb finalitats de previsió.

L'itinerari a seguir, a partir d'aquest moment, rastreja els passos d'un Estat que assumeix aquesta responsabilitat i esdevé socialment intervencionista i, a partir de començaments del segle XX, estableix organismes com l'Institut Nacional de Previsió (1908), per a l'estudi i implantació de les primeres assegurances socials. Des d'aqueix moment s'obri un segle d'avatars en l'intervencionisme social de l'Estat que, amb discontinuïtats, porten a l'actual sistema de protecció social democràtic.

Desenvolupat després de la Transició, aquest sistema ha fomentat la intervenció social pública donant consistència als tres pilars tradicionals de l'Estat de Benestar – sistemes de pensions, sanitari i educatiu – i establint les bases d'un 'quart pilar', amb iniciatives legislatives com la Llei d'Autonomia Personal i Atenció a les Persones en Situació de Dependència, de 2007.

L'anàlisi de la protecció social pública a Espanya abasta, per tant, més d'un segle de l'esdevenir del país i això implica, al mateix temps, recórrer la història d'Espanya en molt diversos períodes, amb contextos sociopolítics i econòmics ben diferents – Restauració, Dictadura de Primo de Rivera, Segona República, Dictadura Franquista, Transició i Democràcia -. Un període tan extens com aquest requereix, necessàriament, la introducció d'alguna mena de periodització que facilite l'aïllament i caracterització dels moments més significatius de canvi en els fonaments constitutius dels ressorts de protecció social. Així, és possible distingir cinc períodes de desplegament del sistema de protecció social a Espanya.

(1) Primer període (1908-1918). A manera de preàmbul, aquest primer període arranca del moment previ d'abstencionisme per part de l'Estat i dels seus reflexos en la celebració del Primer Congrés Nacional Sociològic de València o en la creació de la Comissió de Reformes Socials. Després d'ell, es desenvolupa una primera etapa quasi experimental d'intervencionisme, en la qual l'Estat assumeix les seues primeres responsabilitats en matèria social, amb la Llei d'Accidents de Treball de 1900 o la creació de l'Institut de Reformes Socials, en 1903. No obstant això, la fita que marca el moment d'obertura d'aquest primer període de protecció social a Espanya és la creació, en 1908, de l'Institut Nacional de Previsió, com a organisme públic autònom amb representació obrera, patronal i de l'Estat, pensat per a difondre, estimular i afavorir la idea de la previsió popular i gestionar la seua pràctica. La dècada 1908-1918 contempla la instauració dels primers segurs voluntaris a la calor de les activitats de propaganda i suport d'aquesta institució i el paper jugat per l'Estat dins d'un sistema de llibertat subsidiada. Altres peces institucionals que prenen forma en aquests anys són una primera assegurança de pensions de retir a través de contribucions voluntàries bonificades per l'Estat i un segur infantil de dot sobre la mateixa base tècnica: les denominades Mutualitats Escolars.

(2) Segon Període (1919-1939). La segona etapa de desplegament de la protecció social a Espanya es troba marcada pel pas de les assegurances de llibertat subsidiada a les assegurances socials obligatòries, en un context internacional en el qual l'Organització Internacional del Treball (OIT) duu a terme les seues primeres iniciatives legislatives i en el qual, en l'àmbit nacional, es produeix una profunda reorganització de l'administració de l'Estat, amb la creació, per exemple, del Ministeri de Treball (1920). En aquests anys, es formulen i posen en pràctica diverses noves assegurances, ja obligatoris, com el de retir obrer (1919-1921), el de maternitat (1929-1931) i es plantegen uns altres que no arriben a fer-se realitat, com el d'atur. Aquest període contempla també, durant la Segona República, la remodelació, modificació i unificació de l'edifici d'assegurances socials, incloent-hi el d'accidents, en el marc d'un ambiciós projecte de legislació social avançada que trunca dràsticament la Guerra Civil.

(3) Tercer període (1939-1962). Després de la victòria militar franquista s'estén un nou període en el qual es reorganitza la protecció social baix noves bases. Amb una classe obrera desposseïda dels seus instruments d'organització i defensa, la primera política social de la Dictadura es fonamenta en la consolidació de les assegurances professionals, que substitueixen a les anteriors propostes republicanes de sistemes integrats de caràcter universal. Sota aquesta lògica, es produeix la transformació i substitució d'algunes de les velles assegurances, com el de retir obrer per l'Assegurança Obligatòria de Vellesa i Invalidesa, mentre apareixen altres nous, amb diferent abast i significat: l'Assegurança Obligatòria de Malaltia; els subsidis familiars; el de règim especial agrari; l'Assegurança de Malalties Professionals; o el Segur Nacional de Desocupació. Entre les principals característiques d'aquesta fase destaca la fragmentació, el desordre, les limitacions de cobertura, les fallades assistencials i les duplicacions i superposicions de les entitats responsables de la gestió de les assegurances socials. El fracàs de l'aposta franquista pel mutualisme laboral, pensat com a brillant culminació sociolaboral del sistema i la insuficiència de les assegurances socials obligatòries dissenyats dins d'aquest, expliciten les limitacions del conjunt del sistema.

(4) Quart període (1963-1977). L'any 1963 marca l'obertura del quart període de la protecció social a Espanya, amb l'adopció de la Llei de Bases de la Seguretat Social i els textos articulats vigents des de gener de 1967, que constitueixen el punt de partida cap a un nou sistema mixt, que combina la pervivència del mutualisme amb una (fallida) pretensió universal. En el context de la nova política econòmica del Franquisme, la Llei de Bases és el fruit d'una difícil transacció entre les diferents famílies polítiques del Règim. Malgrat les seues pretensions totalitzadores i unificadores de la gestió d'un conjunt d'assegurances per a tots els treballadors, la Llei de Bases va mantindre les mútues laborals i altres òrgans menors que coexisteixen amb l'Institut Nacional de Previsió. La Llei va permetre, i fins i tot va potenciar, l'existència dels denominats Règims Especials, paral·lels al Règim General, va fer unes certes concessions a la gestió privada, va renunciar a fixar les cotitzacions sobre el salari real i no va obligar l'Estat a subvencionar les assegurances de manera proporcional a les cotitzacions. En 1972, en un escenari encara expansiu en l'econòmic, es va promulgar la Llei de Finançament i Perfeccionament de la Seguretat Social, amb l'objectiu de resoldre els greus problemes de finançament als quals s'enfrontava el sistema i l'existència de llacunes en l'acció protectora de l'Estat. Aquesta Llei va significar la incorporació de nous col·lectius assegurats, no obstant això, a l'altura de 1977, la Seguretat Social espanyola no era encara universal ni s'havia equiparat als sistemes

d'altres països europeus de l'entorn, particularment quant a finançament. L'Institut Nacional de Previsió es trobava desbordat i la seua labor era àmpliament contestada. En realitat, el Franquisme havia retardat el desenvolupament de l'Estat de Benestar a Espanya.

(5) Cinqué període (1977-2008?). A partir de la Transició, Espanya aconsegueix recuperar ràpidament el temps perdut i, en un termini de només tres dècades, modernitza el sistema de Seguretat Social partint d'un model d'assegurances desorganitzat i antiquat. La democratització del país possibilita la creació d'una Seguretat Social similar a la dels països europeus més avançats, encara que amb un nivell de despesa social comparativament més baix. En el camí cap a la construcció d'un sistema de Seguretat Social democràtic, i dins dels múltiples acords, mesures i negociacions dels poders públics i els actors socials, es produeixen diferents reformes legals que afecten el Sistema de Pensions i que marquen els diferents moments d'aquesta etapa:

El primer d'ells, iniciat amb els Pactes de la Moncloa i la transformació institucional dels organismes gestors de les assegurances socials a Espanya.

El segon, amb les reformes legals de 1985 que impliquen la culminació del sistema de protecció social, amb la consecució de la cobertura universal i obrin el camí cap a la seua racionalització.

El tercer, iniciat amb el Pacte de Toledo sobre Pensions de 1995, renovat en 2003, a través del qual aqueix aconsegueix la viabilitat financera de la Seguretat Social i s'amplien les funcions de la protecció social, adaptant-les a les noves demandes socials, amb noves peces en l'edifici de l'Estat de Benestar espanyol com la Llei de Dependència de 2007.

Finalment, després de l'esclat de la crisi financera internacional, en 2008, alguns autors apunten l'obertura d'un nou subperíode de redefinició del sistema, marcat per un context d'inestabilitat econòmica i social, revisió d'alguns aspectes centrals del model de pensions espanyol, com el període de càlcul de les cotitzacions o el retard a 67 anys de l'edat de jubilació i les pressions de racionalització que afecten el conjunt dels ressorts de protecció social.

Adaptat de Castillo, S. (2008), 'Introducción. Pasado y futuro de la protección social en España', en S. Castillo (coord.), *Solidaridad, Seguridad, Bienestar. Cien años de protección social en España*, Madrid: Ministerio de Trabajo e Inmigración

## 5.3. Funció de coordinació

- L'Estat no sols intervé en les RRLL com a legislador i legitimador dels actors, sinó que també té una **FUNCION DE COORDINACIÓ DE LA NEGOCIACIÓ LABORAL**, a través de la concertació i els pactes socials, com a procediment de governabilitat i d'intercanvi polític entre els actors.

- El creixement de les organitzacions, dels grups d'interés, de les associacions sindicals en el capitalisme avançant ha propiciat el denominat **"capitalisme organitzat"** entenent-se el capitalisme com un **sistema corporativista tripartit de negociació**.

- **El Model d'Estat condiciona la coordinació** en les relacions laborals, però l'Estat també és condicionat per **l'estructura de la negociació col·lectiva** i el grau de governabilitat que la mateixa estructura possibilita per a gestionar els pactes aconseguits. **INTERDEPENDÈNCIA**

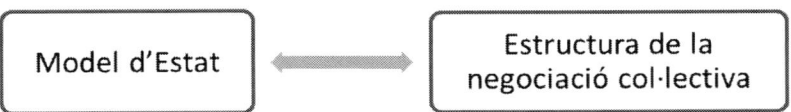

## HUG CLEGG: ESTRUCTURA DE LA NEGOCIACIÓ COL·LECTIVA

- **Dimensions:**

1. **Cobertura** de la negociació: % treballadors protegits per un CC.

2. **Nivell de la negociació:** Centralitzada (Sectorial o Estatal) o Descentralitzada (Regional o d'empresa).

3. **Control dels CC:** estableix (o No) estàndards obligatoris per als ocupadors. Eficàcia jurídica.

4. **Abast** dels convenis: nombre d'aspectes de les condicions de treball normalitzats en els CC.

- Als països en els quals **l'estructura de la negociació col·lectiva està centralitzada**, també ho estan les estructures organitzatives dels sindicats i les patronals.

1. **Positiu:** facilita la governabilitat dels RH, coordina els salaris i redueix la conflictivitat.
2. **Negatiu:** l'excessiu control desincentiva la participació dels treballadors en el si de l'empresa.

- Els país amb estructures de **negociació col·lectiva descentralitzades**:

1. **Negatiu:** menys possibilitat d'intervenció Estatal, menys coordinació salarial i macroeconòmica, major conflictivitat laboral.
2. **Positiu:** Major participació dels treballadors en el centre de treball i identificació amb els seus sindicats.

    **La participació dels agents socials** en la producció de regulació pública és un dels FACTORS DE DIFERENCIACIÓ entre dos models d'organització del sistema capitalista (Hall i Soskice, 2000).

    1) Model de **coordinació LAX** PLURALISTA-LIBERAL. L'Estat compleix funcions **de suport i arbitratge**. Estructura de participació mínima de l'Estat i àmplia autonomia per als actors privats de les RRLL.

    2) Model de **coordinació DENS. Intervenció activa de l'Estat en les RRLL** i dels agents socials en les polítiques públiques: subvarietats de neocorporativisme.

| COORDINACIÓ LAXA O DE PLURALISME LIBERAL | |
|---|---|
| PAPER DE L'ESTAT | **No participa en la coordinació**: de **suport constitucional i jurídic**. Baixa densitat normativa de caràcter legislatiu i elevada en jurisprudència. |
| TIPUS DE NEGOCIACIÓ COL·LECTIVA | **Descentralitzada, no coordinada i voluntarista:** dependent del reconeixement autònom de les dues parts negociadores com a interlocutors. |
| ESTRUCTURA DELS ESPAIS DE NEGOCIACIÓ I DELS ACTORS | Primacia de la **negociació a escala d'empresa**, de caràcter col·lectiu o, creixentment, individualitzada. **Fort autonomia d'actors privats** de les RRLL amb baix grau de densitat organitzativa i coherència interna. |
| PAÏSOS | **Els EUA, el Regne Unit, Irlanda...** <br> ... Però tendències de descentralització i de descoordinació en països de l'Europa Continental des de començaments de la dècada dels noranta. |

| COORDINACIÓ DENSA O NEOCORPORATIVISME | |
|---|---|
| PAPER DE L'ESTAT | Participant. **Impulsor de la negociació col·lectiva**, a més del suport constitucional i jurídic: alta densitat normativa de caràcter legislatiu. |
| TIPUS DE NEGOCIACIÓ COL·LECTIVA | **Centralitzada, coordinada i compromesa.** Tripartida o de concertació i bipartida: reconeixement institucional dels actors privats de les RRLL per part de l'Estat. |
| ESTRUCTURA DELS ESPAIS DE NEGOCIACIÓ I DELS ACTORS | Primacia de la **negociació a escala de supraempresarial**, de caràcter col·lectiu. <br> **Fort interdependència dels actors de les RRLL**. Actors privats de les RRLL amb alt grau de densitat organitzativa i coherència interna. |
| PAÏSOS | **Europa Nòrdica i Continental...** <br> ...Però tendències de descentralització i descoordinació en varietat neocorporativista intermèdia i feble. |

**La coordinació** de la negociació col·lectiva (eix horitzontal), tracta sobre els mecanismes per mitjà dels quals s'estableix **la pauta salarial** per al conjunt de l'economia:

- Als països del **model continental i escandinau**, la manera de coordinació que preval és la promoguda per les cúpules sindicals o pels grans sindicats, els **convenis de la metal·lúrgia** marquen la pauta per a la negociació de la resta. El grau de coordinació, als països escandinaus és elevat i en els continentals mig-elevat.

- En els **models pluralistes (anglosaxons)** on predomina l'autoregulació descentralitzada en els centres de treball (nivell d'empresa) **pràcticament no existeixen mecanismes de coordinació.**

- **Als països de l'àrea del Mediterrani, la coordinació s'efectua a través d'acords tripartits i bipartits** per a la negociació col·lectiva. Aquests acords obliguen les parts a negociar, però són "pactes de cavallers" perquè no estableixen l'obligació d'arribar a un acord, és a dir, es tracta d'una agenda programàtica no vinculant. El nivell de coordinació és mig-baix. A Espanya és intermedi, a través dels Acords INTERCONFEDERALS PER A LA NEGOCIACIÓ COL·LECTIVA.

**L'articulació de la negociació col·lectiva d'empresa (eix vertical) amb els convenis d'altres nivells.** ¿Què predomina? ¿El conveni d'empresa o el sectorial?

- L'articulació entre els convenis pot ser **sistemàtica**, és a dir, **jeràrquica i complementària** (el conveni de sector és el marc dins del qual s'especifiquen els convenis d'empresa) (models escandinaus i continentals, en grau més baix els països mediterranis).

- **No-jeràrquica i no-sistemàtica** (la relació entre els convenis és informal o extralegal) (model pluralista anglosaxó).

| Models | Cobertura NC Dècada 1990 | Centralització | | Coordinació Dècada de 1980 |
|---|---|---|---|---|
| | | Dècada 1970 | Dècada 1990 | |
| Liberal Anglosaxó | | | | |
| Canadà | 35 | Baixa | Baixa | Res |
| EUA | 16 | Baixa | Baixa | Res |
| Gran Bretanya | 47 | Mitjana | Baixa | Res |
| Escandinau Socialdemòcrates | | | | |
| Dinamarca | 80 | Alta | Mitjana | Alta |
| Finlàndia | 95 | Alta | Alta | Alta |
| Noruega | 75 | Alta | Alta | Alta |
| Suècia | 83 | Alta | Mitjana | Alta |
| Continental Conservador | | | | |
| Alemanya | 90 | Mitjana | Mitjana | Alta |
| Àustria | 98 | Alta | Mitjana | Alta |
| Espanya | 70 | Mitjana | Mitjana | Mitjana |
| França | 82 | Mitjana | Mitjana | Mitjana |

## Debat entre Centralització i Descentralització en la presa de decisions

| | Descentralització | Centralització |
|---|---|---|
| Orientació | Microeconomia<br>El mercat coordina<br>NC descentralitzada<br>Actors descentralitzats<br>Escassa intervenció Estatal | Macroeconomia<br>Pactes Socials<br>NC centralitzada<br>Actors centralitzats<br>Tripartisme |
| Avantatges | Velocitat d'ajust.<br>Ajust productivitat empresarial<br>Mercat Treball Dinàmic i flexible. | Cohesió social<br>Redistribució i major igualtat<br>Estat de Benestar consolidat<br>Conflictivitat Institucionalitzada |
| Inconvenients | Estratificació i Desigualtat social<br>Precarietat empre<br>Risc microcorporativisme (insider /outsider).<br>Conflicte no organitzat<br>Risc d'inflació. | Lentitud en la presa de decisions<br>"rigidesa institucionalització"<br>Excés control i reglamentació |

Traxler, Blaschke/*Kitell: **Concepte de Governabilitat**

| Dimensions | Categories | Indicadors per al cas Espanyol |
|---|---|---|
| 1. Poder | Representació<br>Representativitat<br>Cobertura de la NC | • Baixa presència (16% d'afiliació)<br>• Duplicada en audiència electoral(45%)<br>• Alta participació en els processos d'audiència electoral (74%)<br>• Triplica en la Cobertura NC (80%) per mitjà de mecanismes *erga omnes*. |
| 2. Domini | Estructura organitzativa dels agents socials | • Pluralisme sindical moderat: Dues grans confederacions centralitzades (CCOO i UGT, 76%)<br>• Centralització patronal (CEOE) |
| 3. Capacitat de control | Articulació i coordinació de la negociació col·lectiva | • Centralitzada la negociació col·lectiva (només 11% conveni d'empresa)<br>• Coordinació pactes bipartits<br>• Articulació sistemàtica i complementària (amb matisos) |

**A Espanya Governabilitat mig-elevada**

# Tema 6. Conflicte, protesta laboral i negociació col·lectiva

El **conflicte i el pacte** són **dos elements bàsics** que dinamitzen les **relacions laborals**.

1.      Estan relacionats històricament amb el **canvi social**,
2.      amb **la transformació i la millora** de les condicions de treball,
3.      amb **l'extensió dels drets laborals**,
4.      i amb el canvi de les **institucions socials** del capitalisme.

## 6.1. Conflicte laboral

- Dos grans grups de teories sobre el conflicte:

1) **Teories del conflicte,** corrent marxista:

  o **El conflicte contribueix a: 1) al canvi social i 2)** resoldre divergències entre els actors per a aconseguir un nou model **d'integració social.**

  o Per tant, el conflicte com a impulsor del canvi social fa que existisca una **concepció dinàmica** d'aquest.

  o La societat està en constant canvi i formada per **elements contradictoris i amb poder de coacció desigual.**

2) **Teories del consens,** corrent funcionalista:

  - La societat es troba en **harmonia** i en la integració existeix **consens entre els elements.**

  - Per tant, la societat és un sistema estable d'elements que compleixen una funció i **l'equilibri** i consens entre aquests elements permeten **l'estabilitat de la societat.**

  - **Conflicte com a fet disruptiu de l'harmonia social, font de desintegració social, disfuncional i corrosiu.**

## ENFOCAMENTS DE CONSENS I CONFLICTE A LES RELACIONS LABORALS

| | CONSENS | CONFLICTE |
|---|---|---|
| **Relacions laborals** | El conflicte és conjuntural a les RRLL. | El conflicte és un element bàsic i estructural a les RRLL. |
| **Origen del conflicte** | Difús, múltiple i no vinculat necessàriament amb la lluita de classes. | Asimetria de poder entre capital i treball. Concretament en el procés de control i conversió de la força de treball en treball efectiu. |
| **Sindicalisme** | És una institució de mediació per a evitar el conflicte. | Paper contradictori a l'estar subjecte per dos vectors: desordre (conflicte) i regulació (pacte). |
| **Negociació Col·lectiva** | Institució de cooperació alternativa a la vaga. | Procediment per a resoldre temporalment el conflicte. |
| **Perspectiva general** | Equilibri General a les RRLL. | Precarietat com a equilibri a les RRLL. |

## MODELS DE GESTIÓ DEL CONFLICTE A LES RELACIONS LABORALS

| NO - ORGANITZAT | ORGANITZAT |
|---|---|
| Dirigit per **Grups Informals**. | Liderats per **Grups Organitzats** amb autoritat i legitimitat |
| Conflicte espontani i manifestació incontrolada per **falta d'interlocutors representatius.** | **Existeixen interlocutors represen**tatius formalitzats, forts i representatius. |
| El **conflicte no té un objectiu determinat**, ni llistes de prioritats a negociar. | Els **objectius estan definits** i existeix una llista de prioritats en els grups organitzats. |
| Els grups informals **manquen d'experts** en la canalització del conflicte. | **Disposen d'experts** amb contacte permanent entre les parts, dialogue fluid i la cerca del consens. |
| **Dificulta la gestió del conflic**te per falta d'interlocutors vàlids per a negociar. | Les organitzacions amb legitimitat i representativitat permeten la gestió eficaç del conflicte. |

- **Inicialment** i a causa de les condicions de treball i a la repressió del moviment obrer, va adoptar formes **espontànies, desorganitzades i violentes.**

- El **conflicte va anar institucionalitzant-se** a través de diferents mecanismes:
  - ✓ Dret laboral.
  - ✓ Reconeixement dels sindicats.
  - ✓ Partits obrers.
  - ✓ Estat de Benestar.
  - ✓ Sistemes de Negociació Col·lectiva.

**6.1.1. La Vaga**

## 1- DEFINICIÓ

*Interrupció temporal del treball concertat col·lectivament per un grup de treballadors amb la finalitat de mostrar el seu desacord o expressar les seues demandes en matèria laboral (Hyman, 1972).*

**Però hi ha altres manifestacions menys formalitzades i visibles:**
- Vaga legal vs. Il·legal.
- Absentisme.
- Sabotatge o restricció de la producció.
- Ocupació del lloc de treball.
- Manifestacions.

## 2- CAUSES DE LES VAGUES:

1. **Per causes Ideològiques i del Sistema Polític.**
   a. Busquen enderrocar un règim d'autoritat en cerca de legitimitat.
   b. Països de tardana industrialització i institucionalització.
   c. Propi del canvi de règim als països del Sud d'Europa (Espanya, Portugal i Itàlia).

2. **Raons econòmiques: salaris, inflació i desocupació.**
   a. Les polítiques econòmiques antiinflacionistes produeixen pèrdua de poder adquisitiu.
   b. En cicles econòmics expansius s'incrementa perquè augmenta les expectatives dels treballadors.
   c. En cicles econòmics de recessió l'increment de la desocupació pot produir la reducció del conflicte.
   d. Per qüestions estructurals "economia moral, equitat i justícia social".

3. **Pel poder i control entre el capital i el treball.**
   a. En entorns altament competitius els empresaris poden efectuar estratègies de racionalització i intensificació dels ritmes de producció i sotmetre als treballadors a un enduriment de les condicions de treball.
   b. Cogestió i Codeterminació.

## 3- DIMENSIONS I MESURAMENT

- **Freqüència (F):** nombre d'aturs laborals en un període especifique de temps.
- **Magnitud o mida: (M)** nombre de participants per vaga.
- **Duració (D)**: Jornades no treballades per vaguista.
- **Volum V=F*M*D**

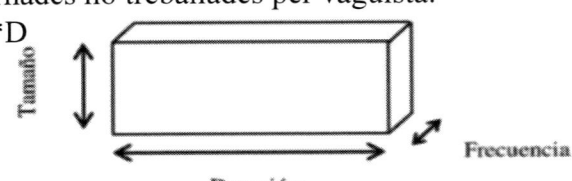

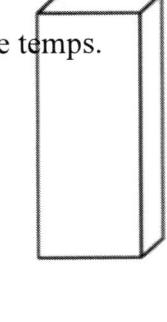

X                                                                    Y

## Lectura 6.1.  La forma de les vagues

*Aspectes metodològics*

Segons exposen Shorter i Tilly (1971, 1974), l'activitat vaguística global es pot dividir en tres components: duració, magnitud i freqüència. La primera dimensió és la duració mitjana dels conflictes. La segona representa el nombre de vaguistes, en concret, la mitjana de vaguistes per vaga. Aquestes dues dimensions proporcionen la configuració de la vaga tipus, un rectangle l'altura del qual representa la mitjana de vaguistes per vaga, la seua base la duració i la seua àrea representa, aproximadament, els dies de treball perduts. D'aquesta manera, la vaga A seria llarga, però d'escassa participació, la B breu, però de gran participació i la C és alhora llarga i amb una gran participació.

Figura 1. Configuracions hipotètiques d'una vaga

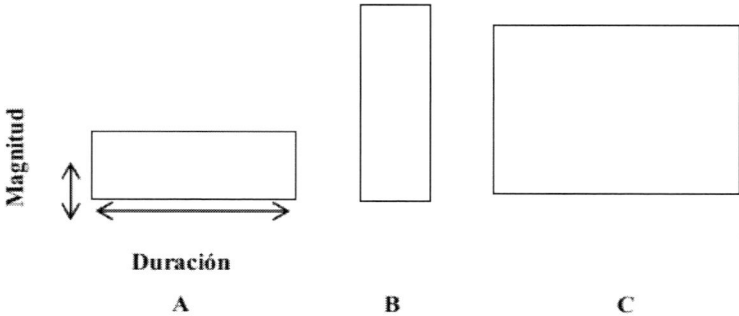

Duración

A                    B                    C

Per tant, un simple rectangle mostra conjuntament tres mesures importants de l'activitat vaguística: la seua àrea representa, aproximadament, les jornades d'inactivitat, mentre que els seus costats mostren respectivament el nombre de treballadors participants i la duració de l'atur laboral. Per conseqüent, no sols la grandària del rectangle és significatiu sinó que també ho és la seua forma: un rectangle ample o estret implica un conflicte de llarga o curta duració; un rectangle alt o baix implica una gran o escassa participació. Una àrea de, per exemple, 1.000.000 de jornades no treballades, pot resultar d'1.000.000 de participants (altura) i un dia de duració (amplària) o de 10.000 participants (altura) i 100 dies de duració (amplària). Si només es té en compte les jornades no treballades (àrea) es qualificaria a totes dues situacions com a miguals; prenent en consideració, a més, els treballadors participants, la primera vaga és de major grandària, i per tant es jutjaria com a "pitjor". Però considerant també la duració, la valoració contrària seria més coherent (Spielmans, 1944).

A més, per a representar l'activitat vaguística global d'un determinat període, regió o indústria, necessitem una tercera dimensió: el nombre de vagues (expressat com una taxa: el nombre de vagues per cada 100.000 assalariats). Aquesta tercera dimensió converteix el rectangle en un poliedre. Així, el període/indústria/regió X pateix poques vagues, però solen ser de llarga duració i d'escassa participació. En canvi, en el període/indústria/regió Y les vagues són de curta duració i d'elevada participació.

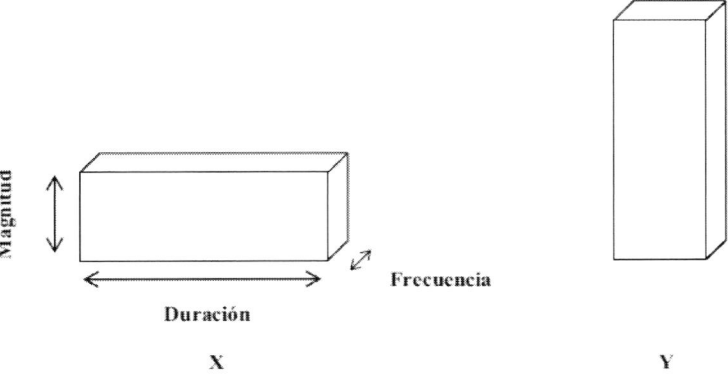

Figura 2. Configuracions hipotètiques de l'activitat vaguística

Al mateix temps que representa una manera molt intuïtiva de comparar l'activitat vaguística entre països, regions, sectors o períodes, la configuració o forma de les vagues ens permet quantificar en un índex el volum total de conflictivitat a través del concepte físic de volum, el qual és el producte de les tres dimensions: freqüència, duració i magnitud. Per a això, és necessari modificar el mesurament de la dimensió "duració" realitzada per Shorter i Tilly (duració mitjana o mitjana), per l'estadístic utilitzat per Hibbs (1978): Jornades no treballades/Vaguistes (J/H). L'índex J/H ja havia sigut emprat prèviament per Spielmans (1944) i com admet el mateix autor no mesura la duració mitjana de les vagues, sinó "el nombre de jornades que correspondria a cada vaguista si tots els treballadors d'un determinat tipus de vagues hagueren estat parats el mateix temps". En altres paraules, com exposa Edwards (1981), i s'aprecia en el següent cas hipotètic, el nombre de jornades no treballades per vaguista no és una mesura imparcial de la duració de la vaga mitjana. Considerant la suma de les dues vagues, J/H és 1,9, mentre que la duració mitjana és de 5,5 dies.

Tabla

|  | Huelguistas (H) | Duración | Jornadas no trabajadas (J) |
|---|---|---|---|
| Huelga A | 10 | 10 días | 100 |
| Huelga B | 90 | 1 día | 90 |
| Total | 100 | 11 días | 190 |

Cal tindre en compte aquesta distinció, ja que J/H o "perduda de temps per treballador implicat", mesura el nombre de jornades durant les quals el "vaguista mitjà" se suma a una vaga, mentre que la duració mitjana de les vagues indica el temps necessari per a resoldre el conflicte. Tenint en compte aquestes consideracions sobre la "duració" de les vagues s'obté la següent igualtat:

Volum activitat vaguística = Freqüència × Duració × Magnitud

$$\begin{array}{c} \text{Jornadas no} \\ \text{trabajadas} \\ \text{cada 1.000} \\ \text{asalariados} \end{array} = \frac{\text{Huelgas}}{\begin{array}{c}\text{Asalariados}\\ \text{(cientos de miles)}\end{array}} \times \frac{\begin{array}{c}\text{Jornadas no}\\ \text{trabajadas}\end{array}}{\text{Huelguistas}} \times \frac{\text{Huelguistas}}{\text{Huelgas}} \quad \text{(en centenas)}$$

L'indicador jornades no treballades per cada mil assalariats té una justificació teòrica (és el volum de les tres dimensions més representatives de les activitats vaguístiques) i una interpretació intuïtiva com a índex global del conflicte de treball (Hibbs, 1978). Encara més, la majoria dels especialistes han proposat les jornades no treballades ajustades per la grandària de la força laboral com el millor indicador simple de l'activitat vaguística, per davant del nombre de vagues o del total de participants. A més, l'ús d'aquest indicador compost permet no confondre canvis en la tendència de l'activitat vaguística amb canvis en una única dimensió. Per exemple, la reducció de la duració de les vagues però no del volum entre les figures X i I en la Figura 2.

D'altra banda, la dimensió "magnitud" o grandària és el resultat de tres factors diferents:

a. La proporció de treballadors d'un establiment convocat a secundar una vaga que realment participen en ella interrompent el seu treball, el grau de seguiment de la vaga. Mesurat com el nombre de vaguistes per cada 100 empleats de l'establiment.

b. La grandària de l'establiment en vaga (mitjana del nombre de treballadors dels centres afectats). Per tant, el nombre de treballadors involucrats en una vaga augmenta a mesura que la grandària mitjana dels centres de treball s'incrementa sense que varie la proporció de treballadors que participen habitualment.

c. El nombre d'establiments involucrats per vaga, l'abast de les vagues. Fins i tot si l'estructura de les empreses es mantenen estable igual que la solidaritat entre els treballadors (seguiment), la grandària de la vaga mitjana s'incrementarà si creix el nombre de centres de treball involucrats en els conflictes.

Magnitud = Seguiment × Grandària centres involucrats × Abast

$$\frac{huelguistas}{huelgas} = \frac{huelguistas}{trabaj.convocados} * \frac{trab.convocados}{centros convocados} * \frac{centros convocados}{huelgas}$$

Luque Balbona, David (2010). *Las huelgas en España: Intensidad, formas y determinantes*. Universidad de Oviedo.

## Les vages als països nòrdics

- El nivell de conflictivitat registrat a **Finlàndia i Dinamarca és substancialment superior** i notòriament diferent de la de Suècia i Noruega.

- Les vagues a **Dinamarca i Finlàndia** són de baixa durada i de xicoteta grandària però d'una **freqüència extraordinàriament alta.**

- No obstant això, **la grandària mitjana de les vagues a Finlàndia (410 participants) és pràcticament el doble que el cas danés (220),** d'ací el seu major nivell de conflictivitat.

- Les vagues a **Noruega i Suècia** són d'una grandària mitjana i d'una duració superior, especialment en el cas noruec, però **infreqüents.**

- **Finlàndia presenta elevada conflictivitat per 3 motius:**

    1.- Té una **sòlida organització local** dels treballadors basada en el sistema de delegats sindicals.

    2.- La **rivalitat política** en el moviment sindical.

    3.- Relacionada amb l'anterior, existeix una **elevada competència entre els sindicats.**

Ilustración 6. La forma de las huelgas en los países nórdicos, 1980-2006

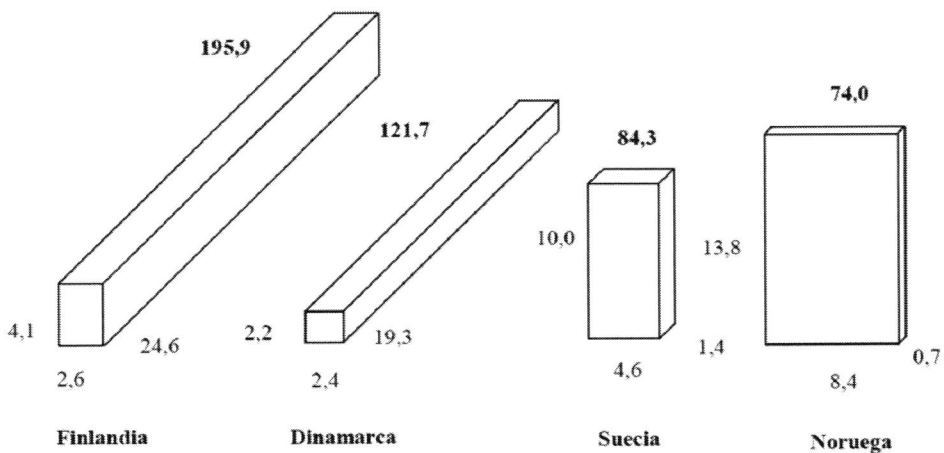

Fuente: OIT.

### Les vages als països continentals

- **A Àustria** la forma de les vagues ens indica que **els conflictes són infreqüents** (una vaga cada 0,1 milions de treballadors i any) —en termes absoluts quatre vagues a l'any de mitjana— però, quan sorgeixen, la participació mitjana és de 4.060 treballadors durant una jornada i mitja, la qual cosa mostra una alta capacitat organitzativa dels sindicats austríacs.

- En el cas **d'Alemanya** no és possible reproduir la forma de les vagues atés que no es publica el nombre de vagues i, per tant, no és possible calcular ni la freqüència ni la grandària de les vagues.

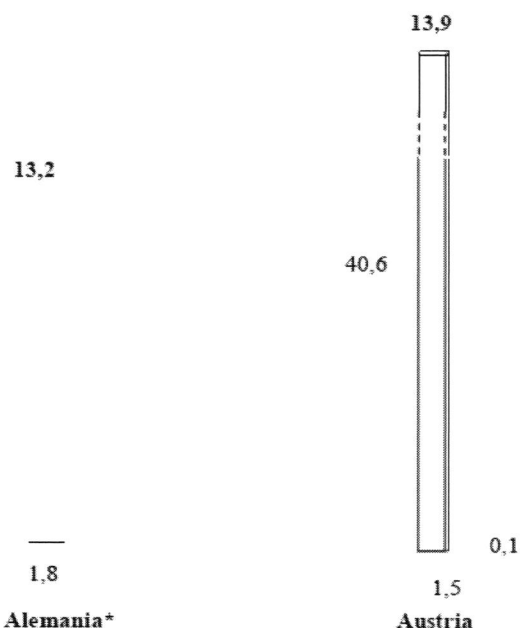

### Les vages als països anglosaxons

Vagues més freqüents i prolongades (prova de força) a Irlanda i de major grandària al Regne Unit.

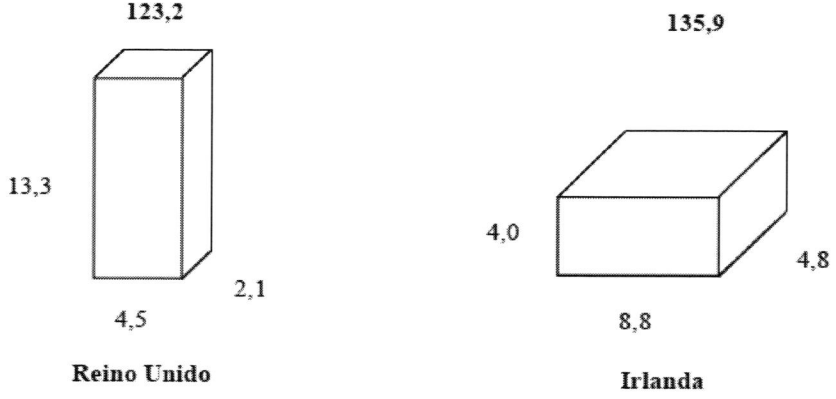

## Evolució de les vagues a Espanya

Les vagues a Espanya durant el **primer terç del segle XX** mostren la <u>configuració típica dels conflictes laborals en els períodes primerencs de la industrialització</u>:

1.  Conflictes que **involucren a pocs treballadors** a causa de la reduïda grandària de les empreses, la dispersió geogràfica de les factories i el baix grau d'organització dels treballadors.
2.  **Són conflictes de llarga duració.**

**En la segona meitat dels setanta,** una vegada recuperat el règim de llibertats polítiques, les vagues es converteixen un fenomen totalment diferent.

1.  **Els conflictes es massifiquen**, superant àmpliament els mil participants per vaga,
2.  i es converteixen en un **fenomen quotidià** de les relacions laborals.
3.  La seua **duració mitjana es redueix a tres o quatre jornades** per participant, transformant-se en una **manifestació de força.**

Així, les vagues passen de ser esdeveniments inusuals, de xicoteta escala, però molt intenses (llarga duració) a fenòmens quotidians de gran escala i expressius (curta duració).

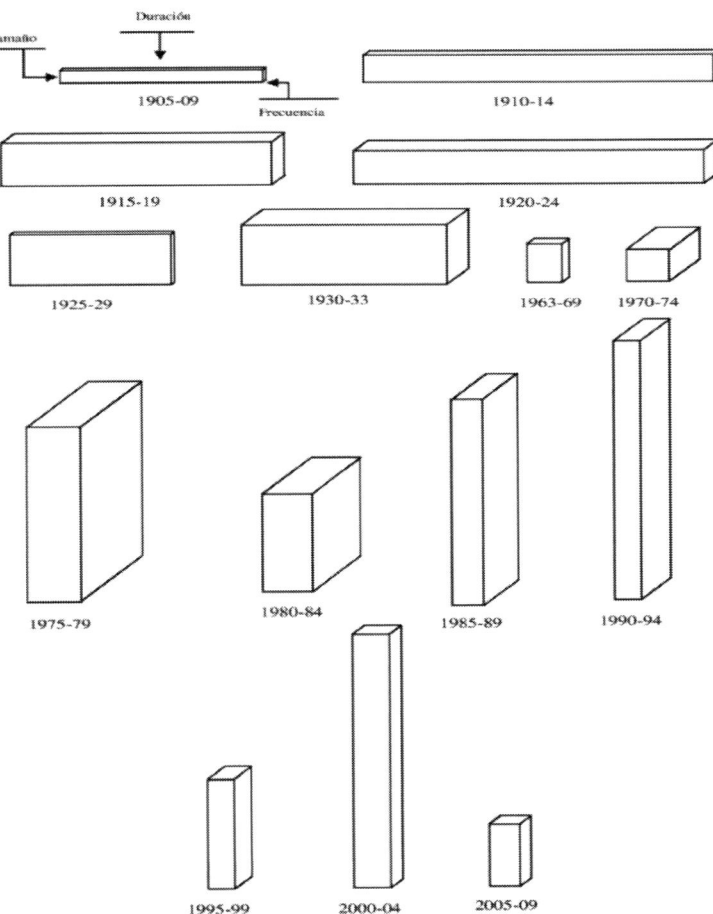

# Lectura 6.2. LES VAGUES GENERALS DE LA DEMOCRÀCIA

Des de 1978 s'han convocat nou vagues generals a Espanya, set amb un atur de 24 hores (1985, 1988, 1994, 2002, 2010 i dues en 2012), una de mitja jornada (1992) i una altra d'una hora (1978).

*(1) Vaga general de 5 d'abril de 1978:*
Es va convocar: 17 de març de 1978 / Es va celebrar: 5 d'abril de 1978 / Convocant: la Confederació Europea de Sindicats (CES) / Van secundar: UGT i CC OO i sindicats de 28 països europeus / Es protestava contra: l'alt percentatge de desocupació a Europa (5% en aquell moment) / Seguiment: uns quatre milions de persones, segons els sindicats / Governava: Adolfo Suárez (UCD).

*(2) Vaga general de 20 de juny de 1985:*
Es va convocar: 20 de maig de 1985 / Es va celebrar: 20 de juny de 1985 / Convocant: CCOO i altres forces minoritàries / Es protestava contra: la Llei de Pensions, que augmentava el període de càlcul de les pensions de dos a huit anys / Seguiment: quatre milions de treballadors, segons els sindicats. Un milió segons el Govern / Governava: Felipe González (PSOE) / Va haver-hi negociacions posteriors amb els sindicats per a acostar postures, però la Llei de Pensions aprovada no va comptar amb el suport sindical.

*(3) Vaga general de 14 de desembre de 1988:*
Es va convocar: 12 de novembre de 1988 / Es va celebrar: 14 de desembre de 1988 / Convocant: UGT i CC OO / Es protestava contra: la retirada del pla d'ocupació juvenil i contra la política econòmica del Govern / Seguiment: quasi huit milions d'espanyols, segons els sindicats / Governava: Felipe González (PSOE) /Es va retirar el pla d'ocupació juvenil i va haver-hi negociacions entre Govern i sindicats per a reprendre la senda del diàleg trencat amb la vaga.

*(4) Vaga general de 28 de maig de 1992:*
Es va convocar: 28 d'abril de 1992 / Es va celebrar: 28 de maig de 1992 / Convocant: UGT i CC OO / Van secundar: ELA-STV i LAB (al País Basc) / Es protestava contra: el decret que retallava les prestacions per desocupació i contra el projecte de llei de vaga. També es reclamava la reindustrialització d'Espanya / Seguiment: 80%, segons els sindicats i el 34,5, segons el Govern / Governava: Felipe González (PSOE) / La Llei de Vaga aprovada a l'any següent va comptar amb l'acord dels dos sindicats convocants de la vaga. El decret de la desocupació va ser aprovat com a llei posteriorment.

*(5) Vaga general de 27 de gener de 1994:*
Es va convocar: 17 de desembre de 1993 / Es va celebrar: 27 de gener de 1994 / Convocant: Comissions Obreres (CC OO), Unió General de Treballadors (UGT), Unió Sindical Obrera (ÚS), Confederació General del Treball (CGT) i Confederació Intersindical Galega (CIG) / Es protestava contra: les retallades socials, la reforma laboral del Govern / Seguiment: 90% segons els sindicats; 30% segons el Govern i 26%, segons la patronal / Governava: Felipe González (PSOE) / La reforma laboral es va aprovar en el Congrés per majoria parlamentària.

*(6) Vaga general de 20 de juny de 2002:*
Es va convocar: 23 de maig 2002 / Es va celebrar: 20 de juny de 2002 / Convocant: UGT i CC OO / Es protestava contra: la reforma de la protecció de la desocupació / Seguiment: 84% de la població ocupada, segons els sindicats i el 17%, segons el govern / Governava: José María Aznar (PP) / En 2007, el Tribunal Constitucional va declarar inconstitucional el Reial decret de reforma laboral aprovat en 2002 perquè va considerar que el Govern va fer un ús abusiu del decret llei.

*(7) Vaga general de 29 de setembre de 2010:*
Es va convocar: 15 de juny 2010 / Es va celebrar: 29 de setembre de 2010 / Convocant: UGT i CC OO, al costat dels sindicats minoritaris, incloent-hi CGT i ÚS / Es protestava contra: la reforma del mercat laboral i del sistema públic de pensions / Seguiment: 70% de la població ocupada, segons els sindicats. El govern no va entrar en una guerra de dades i únicament va assenyalar que en l'administració pública la vaga havia tingut un impacte del 7,52%s / Governava: José Luis Rodríguez Zapatero (PSOE) / Tant el projecte de reforma laboral com el de modificació del període de càlcul de les pensions i elevació de l'edat de jubilació van ser aprovats per majoria parlamentària en el Congrés.

*(8) Vaga general de 25 de març de 2012*
Es va convocar: 15 de juny de 2010 / Es va celebrar: 29 de setembre de 2010 / Convocant: UGT i CC OO, al costat dels sindicats minoritaris / Es protestava contra: la reforma del mercat
laboral i el programa d'ajustos en diferents matèries projectat per l'executiu / Seguiment: 77% de la població ocupada, segons els sindicats / Governava: Mariano Rajoy (PP) / La reforma laboral i els diferents programes d'ajust van ser aprovats en el Congrés per majoria parlamentària.
*(9) Vaga general de 14 de novembre de 2012*
Es va convocar: 23 de maig 2012 / Es va celebrar: 14 de novembre de 2014 / Convocant: Cimera Social (CCOO, UGT, al costat dels sindicats minoritaris i altres organitzacions) en el context d'una iniciativa de la CES / Es protestava contra: les polítiques d'austeritat en l'àmbit europeu / Seguiment: 76,7% de la població ocupada, segons els sindicats / Governava: Mariano Rajoy (PP) / No es va produir una modificació dels objectius de modificació fiscal i de les polítiques d'ajust.

http://www.lne.es/economia/2012/11/18/paisaje-despues-huelga/1328288.html

## 6.1.2. La terciarització del conflicte laboral

- **Grans transformacions** del conflicte laboral des de finals dels vuitanta.
- ✓ "Terciarització del conflicte" (Accornero, 1985).

- Característica més destacada: **major probabilitat d'implicar a tercers**.
- ✓ Canvi de protagonistes i dels seus efectes.

- El sector serveis s'escapa de l'amenaça permanent de la deslocalització.

- **Activitats estratègiques** (controladors aeris, transport).

- Indica el **declivi de les vagues d'obrers industrials** i l'increment en el sector serveis (públic sobretot).
  - ✓ Les ocupacions protegides afavoreixen l'acció col·lectiva.

- Aparició de **sindicats professionals** amb fort poder de negociació.

- **El conflicte** laboral deixa de ser bilateral (industrial) i **es transforma en multilateral:** afecta els consumidors i a l'Estat.

- **El conflicte es fa fragmentari, intermitent, amb períodes de curta durada.**

| | 1986-1989 | 1990-1999 | 2000-2009 | 2010-2016 |
|---|---|---|---|---|
| Huelgas | | | | |
| Agrario | 1,2 | 1,4 | 1,3 | 1,0 |
| Industria | 58,0 | 55,9 | 47,5 | 41,9 |
| Construcción | 5,3 | 4,9 | 2,9 | 4,5 |
| Servicios | 35,5 | 37,9 | 48,3 | 52,6 |
| Participantes | | | | |
| Agrario | 1,4 | 3,5 | 3,5 | 4,2 |
| Industria | 44,7 | 43,6 | 27,4 | 28,3 |
| Construcción | 14,8 | 13,7 | 26,1 | 1,6 |
| Servicios | 39,0 | 39,3 | 43,0 | 65,9 |
| Jornadas no trabajadas | | | | |
| Agrario | 3,6 | 4,0 | 22,3 | 1,9 |
| Industria | 34,6 | 43,8 | 27,7 | 43,1 |
| Construcción | 20,0 | 15,0 | 17,8 | 3,6 |
| Servicios | 41,9 | 37,2 | 32,3 | 51,4 |

FUENTE: Estadística de Huelgas y Cierres Patronales (MESS).

| Conflicte industrial | Conflicte terciari. |
|---|---|
| Bases de representació homogènia. | Fragmentat i intermitent. |
| Sindicats tradicionals. | Microgrups sindicals. |
| Poder de negociació identificable. | Difús i dispers. |
| Pressió dels mercats internacionals. | Sector públic, menor pressió del mercat. |
| Escassa implicació a tercers. | Implicació a tercers. |
| Negociació bilateral. | Multilateral (empresaris, sindicats, Estat i usuaris). |
| Manifestació de solidaritat. | Curta durada de la protesta. |

### 6.1.3. El tancament patronal

- **Mesura excepcional i de caràcter temporal** decidida de manera unilateral per l'empresari, quan:

1. **Notori perill de violència** per a les persones o de danys greus per a les coses.

2. **Ocupació il·legal** del centre de treball o perill cert que aquesta es produïsca.

3. Volum **d'inassistència o irregularitats en el treball** que impedisquen greument el procés normal de producció.

- **Impossibilita que els treballadors ocupen els seus llocs de treball**

1. El treballador no té dret a salari.

2. Els treballadors romanen en situació d'alta especial en la SS, amb suspensió de l'obligació de cotització per part de l'empresari i del mateix treballador.

3. No tenen dret a la prestació per desocupació, ni a l'econòmica per incapacitat laboral transitòria (ILT).

4. Regulat pel Reial decret llei 17/1977, de 4 de març, igual que el dret a la vaga… **PERÒ NO ÉS UN DRET FONAMENTAL.**

## 6.2. El Consens Laboral

### 6.2.1. La Negociació col·lectiva

1. **Peça central** de l'**àmbit institucional** per a **les RRLL** en el capitalisme avançat.

✓ Regulació conjunta entre empresaris i representants.
✓ Conjunt de normes i regles -> marc estable -> acords.
✓ Influïda pel model de relacions laborals (RRLL) i contextual (polític).

*"Procés de presa de decisions entre les parts que representen els interessos dels ocupadors i empleats. **L'objectiu primordial és la negociació i aplicació contínua d'un conjunt de regles** pactades que regulen les **condicions reals i de procediment** de les relacions de treball i determinen la relació entre les parts en aquest procés"*.
(Windmuller, 1989: 15)

2. **Principal instrument de fixació de les condicions de treball** als països amb economies de mercat i llibertat sindical:

✓ Forma de regulació de les RRLL.
✓ Mitjà per a equilibrar les posicions entre empresaris i treballadors.

- ✓ **Procediment de resolució de conflictes**.
- ✓ **Instrument de canvi social** i de reducció de tensions.
- ✓ Procés de creació de normes laborals, font de dret.
- ✓ **Cor de les RRLL.**

3. **Condicions:**

- ✓ Existència d'un mínim **d'interessos comuns** (o complementaris).
- ✓ **Convicció** d'arribar a un acord.
- ✓ **Reconeixement** com a interlocutors vàlids -> actors.
- ✓ **Autoritat** dels representants -> bases.

4. **Característiques:**

1. Intervenen **dues o més parts.**
   - ✓ Individus o organitzacions, a través dels seus representants.
   - ✓ La seua entrada són els conflictes, i l'eixida les normes.

2. Pressuposa **l'existència d'un conflicte** d'interessos -> base de l'enfrontament.
   - ✓ El problema que es tracte ha de ser recurrent.

3. **La participació** en el procés és **voluntària.**
   - ✓ S'entén que les parts guanyen més amb la negociació que sense ella.

4. Els participants han d'estar **legitimats.**

5. Suposa un **intercanvi de recursos** específics i de qüestions intangibles.
   - ✓ El resultat final implica un **intercanvi, cessions** que comporten limitacions sobre les pretensions inicials dels actors.

5. **Avantatges:**

1. **Mètode més flexible** de producció de normes laborals.
   - ✓ Més flexible fins i tot que la legislació: proximitat dels negociadors a la realitat social i econòmica sobre la qual pacten.
   - ✓ No significa necessàriament la resolució del conflicte, en tot cas aquesta serà provisional.

2. Trasllada a la vida econòmica els principis propis del **pluralisme social.**

3. Permet als treballadors protegir els seus interessos: **autoorganització i representació.**

4. Suposa un exemple històric de **democratització** de les RRLL.

5. Implica procediments **d'institucionalització del conflicte laboral**: no desaparició.

- Institucionalització significa una manera estable i pautada de fer front a un problema, és a dir, que cada vegada que es presente tendirà a gestionar-se i resoldre's, eventualment, de la mateixa manera.

| Avantatges | Inconvenients |
|---|---|
| Persegueix la **igualtat real** de les parts | Per als **moviments sindicals** revolucionaris, contribueix al manteniment del sistema capitalista |
| **S'adapta** als problemes reals de cada moment: és un **"vestit a mida"** | Per als **empresaris,** indueix demandes sindicals insaciables de millora de les condicions de treball, que posen en perill la rendibilitat econòmica |
| És la plasmació de **drets humans** fonamentals en **l'àmbit laboral** | |

## 6.2.2. El Conveni Col·lectiu

1.  <u>**El Conveni Col·lectiu**</u> és el resultat de la negociació col·lectiva:

*"Acord subscrit de manera típica entre organitzacions o associacions sindicals de treballadors, d'una banda, i empresaris o organitzacions associatives d'aquests, d'un altre costat, a través del qual es fixen les condicions per les quals han de regir-se les relacions singulars de treball incloses en el seu àmbit d'aplicació."*
(Melgar,1992)

✓   **Expressió signada** de l'acord aconseguit per les parts.
✓   Mitjà per a **equilibrar les posicions** entre empresaris i treballadors.
✓   **Modifica les condicions** del contracte individual de treball.
✓   Té **eficàcia normativa.**
✓   És un **pacte escrit i negociat** d'acord amb unes condicions d'elaboració prefixades per llei.
✓   La NC no acaba amb la signatura del CC: **cal vigilar la seua aplicació efectiva.**

- **Convenis estatutaris:**
  ✓   La majoria.
  ✓   Procediments establits en l'ET.

- **Convenis extraestatutaris:**
  ✓   Minoritaris.
  ✓   Eficàcia limitada.

2.       Són regles de procediment per a canalitzar els eventuals desacords laborals:

- **Mediació:** intervé un <u>tercer actor</u>: al servei de les parts <u>aconsella, suggereix o fa propostes</u> per a arribar a l'acord -> **més activa.**

- **Conciliació:** estableix <u>noves condicions</u> (comunicació, relacions) entre les parts perquè elles mateixes resolguen els seus desacords **-> catalitzadora, poc activa.**

- **Arbitratge:** delegació en la presa de decisions final en un tercer (àrbitre) **-> més clara.**
✓       La seua decisió ha de ser acceptada obligatòriament per les parts en conflicte.
✓       Recurs als tribunals quan les diferències són irreconciliables, o el nivell d'hostilitat entre les parts és molt alt: procediment més llarg i costós.


### 6.2.3. Negociació Col·lectiva a Espanya

1.       **Configuració actual de la NC** -> transició a la democràcia:
✓       Reconeixement de la NC en l'article 37.1 de la CE.
✓       Principi sancionat per l'ET.

2.       **Naturalesa normativa dels convenis:** caràcter vinculant.

3.       **Principi d'eficàcia general:** extensió de les clàusules pactades.
✓       Condicions de legitimitat i representativitat (art. 87 ET).
✓       Condicions de validesa (art .90 ET): forma escrita, registre i publicació en el Butlletí Oficial corresponent.

4.       **Ultraactivitat:** durant un any*

5.       **Clàusules de despenjament**: canvis en les condicions de treball.
✓       No pot deixar-se d'aplicar totalment un conveni.
✓       Descausalitzada (reforma 2012).
✓       Imposició unilateral  -> després de consultes.

6.       Els CC poden **regular matèries d'índole econòmica, laboral, sindical.**
✓        Condicions d'ocupació i a l'àmbit de relacions dels treballadors.

7.       Les parts negociadores estableixen la **duració** dels convenis.

8.       **Càlcul del creixement salarial**: *inflació prevista.*
✓       Clàusules de salvaguarda o revisió salarial.

9.       **Alta cobertura:** més de tres quartes parts dels assalariats.

10.      **Jerarquització:** nacional, provincial, sectorial, d'empresa.

11.      **Elevada concentració:** 90% de signats entre CCOO, UGT, CEOE i CEPYME.

# Resultats del model (presència, audiència i influència)

| MODEL DE RR.LL | Afiliació (presència) | Representació (audiència) | Cobertura N.C. (influència) |
|---|---|---|---|
| Escandinau (DK-FI-SE) | 74,7 | 85 | 86,8 |
| Continental (AT-BE-DE-LU-NL-SI) | 33,5 | 70 | 82,8 |
| Llatí (EL-ES-FR-IT-PT) | 20,2 | 55 | 75,4 |
| Anglosaxó (CY-IE-MT-UK) | 33,9 | 40 | 35,3 |
| Oriental (BG-CZ-EE-LV-LI-HU-PL-RO-SK) | 18,8 | 25 | 34,5 |
| TOTAL UE-27 | 23,4 | 60 | 62,5 |

12. **Estructura mixta**: més centralitzat que descentralitzat:

✓ **Diversos àmbits funcionals**: centre de treball, empresa i supraempresarials.
✓ **Diversos àmbits territorials**: locals, comarcals, provincials, autonòmics i nacionals.

13. **Subjectes legitimats per a negociar**:

✓ **Convenis estatals** "sindicats més representatius". Com vam veure en les eleccions de la representació unitària només són CCOO i UGT, perquè són els que tenen més d'un 10% de delegats de personal electes.

✓ **Convenis Industrials / sectorials provincials:** els més representatius en l'àmbit estatal. I aquells, del seu àmbit provincial que tinguen un 15% de representativitat a la província.

✓ **Convenis d'Empresa**: representació unitària (delegats de personal o comité d'empresa) ("Sindicat més representatiu 10%"). Cal recordar que està fortament sindicalitzada, de manera que CCOO i UGT es troben presents aproximadament en un 60% dels casos.

## 14. Estructura / Distribució de la Negociació Col·lectiva

✓ ¾ parts dels convenis són d'empresa, però només cobreixen un 10% dels treballadors.

✓ Així doncs, la negociació col·lectiva segueix pautes semblants als països occidentals, en tant que **està centralitza, ja que els convenis industrials / sectorials, sobretot els de província, són els que cobreixen al 90% dels treballadors**, en aquelles empreses petites i mitjanes que no disposen de figures orgàniques de representació.

| | Total | | De empresa | | De ámbito superior | |
|---|---|---|---|---|---|---|
| Año | Conv. | Trabajadores | Conv. | Trabajadores | Conv. | Trabajadores |
| 2007 | 6.016 | 11.606.500 | 4.598 | 1.261.000 | 1.418 | 10.345.400 |
| 2008 | 5.987 | 11.968.100 | 4.539 | 1.215.300 | 1.448 | 10.752.900 |
| 2009 | 5.689 | 11.557.800 | 4.323 | 1.114.600 | 1.366 | 10.443.200 |
| 2010 | 5.067 | 10.794.300 | 3.802 | 923.200 | 1.265 | 9.871.100 |
| 2011 | 4.585 | 10.662.800 | 3.422 | 929.000 | 1.163 | 9.733.800 |
| 2012 | 4.376 | 10.099.000 | 3.234 | 925.700 | 1.142 | 9.173.300 |
| 2013 | 4.589 | 10.265.400 | 3.395 | 932.700 | 1.194 | 9.332.700 |
| 2014 | 5.185 | 10.304.700 | 4.004 | 867.200 | 1.181 | 9.437.500 |
| 2015 | 5.642 | 10.227.300 | 4.493 | 846.900 | 1.149 | 9.380.400 |
| 2016* | 4.886 | 9.608.100 | 3.559 | 661.700 | 970 | 8.946.400 |
| 2017* | 3.249 | 7.069.400 | 2.460 | 479.500 | 789 | 6.589.900 |

| | Nivell Nacional (intersectorial) | | Nivell Sectorial | | Nivell d'empresa | |
|---|---|---|---|---|---|---|
| | Salaris | Temps de treball | Salaris | Temps de treball | Salaris | Temps de treball |
| **Nivell principal o dominant** | | | x | x | | |
| **Nivell important, però no dominant** | | | | | x | x |
| **Nivell existent, però no important** | | | | | | |

## 15. Articulació:

Articulació jeràrquica i complementària:

✓ El nivell sectorial estableix l'estructura del sistema salarial.

✓ I els nivells inferiors (local i / o d'empresa) estableix l'escala salarial específica.

## 16. Coordinació:

Mitjançant "acords interprofessionals" de caràcter nacional:

✓ Proporcionen la referència de coordinació per als convenis sectorials. Estableixen directrius (no obligatòries) sobre salaris.

✓ L'últim acord nacional va ser el V Acord per a l'Ocupació i la Negociació Col·lectiva 2023-2025. Inclou directrius sobre qüestions salarials, flexibilitat negociada, etc...
https://www.ccoo.cat/educacio/noticies/ccoo-us-explica-lacord-per-a-locupacio-i-la-negociacio-collectiva/

## 17.    Mancances / limitacions

1. Quasi 1/3 dels treballadors no estan coberts per cap mena de conveni, per la qual cosa han de negociar directament amb els empresaris a partir del que estipula l'ET.

2. Els convenis es converteixen en un ritual, com si fora un hàbit burocràtic. Excepte l'increment salarial i el temps de treball.

3. Malgrat la seua centralitat, la negociació està molt fragmentada tant territorialment com sectorialment.

4.    L'articulació    entre    els    diferents    convenis    és    feble    i    difusa.

5. L'operativitat de les seccions sindicals varia d'un lloc a un altre i d'un sector a un altre.

6. Les empreses més xicotetes incompleixen els acords i negocien individualment.

## 18.    Tendències actuals de la negociació col·lectiva

- **Reformes laborals en 2012:**
  ✓ Descentralització de la negociació col·lectiva:
  ✓ Inversió de la jerarquia dels convenis. Prioritat empresa: ES; EL; PT. Eliminació caràcter *erga omnes* EL i restricció a PT.

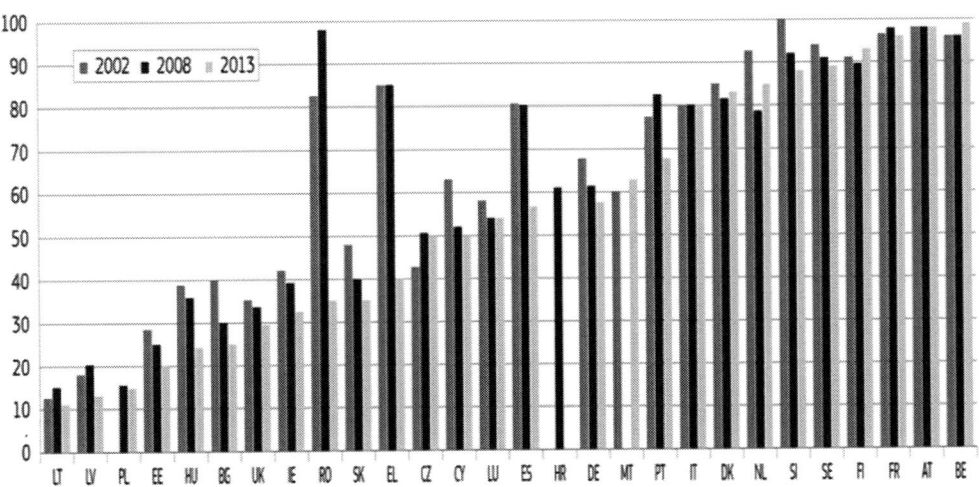

**¿Quins van ser els objectius de la Reforma Laboral de 2012 a Espanya?**

* **Desregulació**

  La reforma laboral deia tindre per **objectiu principal canviar la flexibilitat externa en les empreses per la flexibilitat interna.** Traducció: menys destrucció d'ocupació quan arriben les crisis i més reduccions de sous i salaris.

  Però tenia un altre **objectiu menys explícit: la devaluació salarial.** Buscava que Espanya recuperara part de la competitivitat perduda durant l'època de la bombolla a força de reduir sous, a diferència altres crisis, ja que no es podia recórrer a la devaluació monetària.

**¿Per què van baixar els sous després de la reforma?**

**Canvi d'equilibris.** Aquesta devaluació salarial va arribar per diversos camins.

1.     Un va ser la reducció de sous d'aquells que van perdre el treball i van ser contractats posteriorment.

2.     Però la via que està directament lligada a la reforma **és la que va afectar el joc d'equilibris entre empresaris / patronals i treballadors / sindicats en les relacions laborals.**

   - ✓ La jerarquia dels convenis d'empreses sobre la resta,
   - ✓ els canvis unilaterals en les condicions laborals,
   - ✓ o la limitació en un any de la vigència dels convenis una vegada han caducat van ser elements que van donar més pes a la part empresarial.

**En definitiva la Reforma laboral de 2012, introdueix 3 mesures que soscaven els principis de la negociació col·lectiva:**

1. Es va donar **prioritat al conveni col·lectiu d'empresa**, segons afirmen els legisladors "amb l'objectiu de procurar que la negociació col·lectiva siga un instrument, i no un obstacle, per a adaptar les condicions laborals a les concretes circumstàncies de l'empresa "(BOE, 2012: Disposició general IV);

2. **s'obriren facilitats a la possibilitat de desvinculació o d'inaplicació del conveni col·lectiu**; S'entén que concorren causes econòmiques quan dels resultats de l'empresa es desprenga una situació econòmica negativa, en casos com per exemple l'existència de **pèrdues** actuals o **previstes**, o la disminució persistent del seu nivell d'ingressos ordinaris o vendes. En tot cas, s'entendrà que la disminució és persistent si durant dos trimestres consecutius el nivell d'ingressos ordinaris o vendes de cada trimestre és inferior al registrat en el mateix trimestre de l'any anterior.

3. i **es va limitar la duració de la ultraactivitat**, per a "adaptar les condicions laborals a les concretes circumstàncies de l'empresa "(BOE, 2012: Disposició general IV). Una decisió del Tribunal Suprem (2014) va establir que les condicions de treball acordades en un conveni col·lectiu tenen un estatut jurídic contractual i s'han d'aplicar fins i tot si la negociació col·lectiva de referència ha expirat.

## La Reforma laboral de 2022

Art.84,2 ET) La regulació de les condicions establides en **un conveni d'empresa**, que podrà negociar-se en qualsevol moment de la vigència de convenis col·lectius d'àmbit superior, **tindrà prioritat aplicativa respecte del conveni sectorial estatal, autonòmic o d'àmbit inferior en les següents matèries:**

**ELIMINA: a) La quantia del salari base i dels complements salarials, inclosos els vinculats a la situació i resultats de l'empresa.**

b) L'abonament o la compensació de les hores extraordinàries i la retribució específica del treball a torns.

c) L'horari i la distribució del temps de treball, el règim de treball a torns i la planificació anual de les vacances.

d) L'adaptació a l'àmbit de l'empresa del sistema de classificació professional dels treballadors.

e) L'adaptació dels aspectes de les modalitats de contractació que s'atribueixen per aquesta llei als convenis d'empresa.

f) Les mesures per a afavorir la conciliació entre la vida laboral, familiar i personal.

g) Aquelles altres que disposen els acords i convenis col·lectius a què es refereix l'article 83.2.

**El canvi més important ha sigut la recuperació de la ultraactivitat il·limitada.** És a dir, a partir d'ara, els convenis continuaran vigents, encara que no s'arribe a un acord per a un nou conveni:

Art. 86,4 :Sense perjudici del desenvolupament i solució final dels citats procediments de mediació i arbitratge, a falta de pacte, quan haguera transcorregut el procés de negociació sense aconseguir-se un acord, es mantindrà la vigència del conveni col·lectiu.

# Bibliografia

Baccaro, L. (2003). What is Alive and What is Dead in the Theory of Corporatism. *British Journal of Industrial Relations*, 41:4 December, pp. 683-706.

Bell, D. (1960). *The end of ideology: on the exhaustion of political ideas in the fifties*, New York: Free Press.

Blain, A. N. J. y Gennard, J. (1970). Industrial Relations Theory - A critical review. *British Journal of Industrial Relations*, 8 (3): 389-407.

Braverman, H. (1981[1974]). *Trabajo y capital monopolista*. 4ª edición, México DF: Editorial Nuestro Tiempo.

Castillo, S. (2008). Introducción. Pasado y futuro de la protección social en España, en S. Castillo (coord.), *Solidaridad, Seguridad, Bienestar. Cien años de protección social en España*, Madrid: Ministerio de Trabajo e Inmigración.

Crouch, C.(1983). Pluralism and the new corporatism: a rejoinder. *Political Studies*, 31 (3): 452-460.

Crouch, C. y Pizzorno, A. (Comp.) (1989[1978]). *El resurgimiento del conflicto de clases en Europa Occidental a partir de 1968. I Estudios por países*, Madrid: Ministerio de Trabajo y Seguridad Social.

Dahl, R. A. (Ed.) (1966). *Political oppositions in western democracies, New Haven and London.* Yale: University Press.

Dithurbide, G. (1999): Problemas en el análisis del conflicto laboral, en Castillo C. (coord.) E*conomía, Organización y Trabajo: un enfoque sociológico*, Madrid, Ediciones Pirámide, pp. 155-196.

Dubin, R. (1954). Constructive aspects of industrial conflicte, en Kornhauser, A.; Dubin, R. y Ross A.R. (Eds.): *Industrial Conflict*. Nueva York: McGraw-Hill, pp. 37-47.

Dunlop, J. T. (1978 [1958]): *Sistemas de relaciones industriales*. Barcelona: Ediciones Península.

Edwards, R. (1983[1979]). Conflicto y control en el lugar de trabajo, en Toharia, Luis (Comp.) (1983): *El mercado de trabajo: teorías y aplicaciones*, Madrid: Alianza editorial, pp. 141-155.

Esping Andersen, G. (1993), *Los tres mundos del Estado del bienestar*. Ediciones Alfons el Magnànim-IVEI.

Flanders, A. (1968). Collective Bargaining: A theoretical Analysis. B*ritish Journal of Industrial Relations*, March68, Vol. 6 Issue 1, pp. 1-26.

Fox, A. (1973). I*ndustrial Relations: a Critique of Pluralism Ideology*, en J. Child (Ed.).

Garcia Calavia, M. Á. (2005): La edad de oro de las relaciones industriales: elementos de interpretación teórica. *Papers*, 75, pp. 11-33.

García Calavia, M.A., (2012). *Sociologia de les relacions laborals.* València: Publicaciones Universitat de València.

Gintis, H. (1983 [1976]). La naturaleza del intercambio laboral y la teoría de la producción capitalista, en Toharia (Comp.): *El mercado de trabajo: teorías y aplicaciones*, Madrid: Alianza editorial, 157-191.

Goldthorpe, J.H. y Lockwood, D. (1963): Affluence and the British Class Structure. *Sociological Review* 11 (2), pp. 133–63.

Goldthorpe, J.H. y Lockwood, D. (1996[1963]). Affluence and the British Class Structure, en Scott, J (ed.): *Class: critical concepts*, Vol. 4, London and New York: Routledge, 13-41.

Goldthorpe, J.H., Lockwood, D., Bechhofer, F., y Platt, J. (1967). The Affluent Worker and the Thesis of Embourgeoisement: Some Preliminary Research Findings. *Sociology*, 1 (1): 11-31.

Goldthorpe, J.H., Lockwood, D., Bechhofer, F., y Platt, J. (1969). *The affluent worker in the class structure*. London: Cambridge University Press.

Goldthorpe, J. H. (1984): *Order and Conflict in Contemporary Capitalism*. USA: The Social Research Council.

Hyman, R. (1981[1975]). *Relaciones Industriales. Una introducción marxista*. Madrid: H. Blumes Ediciones.

Hyman, R. (1981). *Relaciones Industriales*. Madrid: H.Blume ediciones.

Hyman, R. (1972). *Strikes*. London, Fontana.

Kelly, J. (1998). *Rethinking industrial relations: mobilization, collectivism, and long wave*s, London: Routledge.

Köhler, H.D. (1995), E*l movimiento sindical en España. Transición democrática. Regionalismo. Modernización econòmica*, Madrid: Editorial Fundamentos.

Köhler. H.D., y Martín-Artiles, A. (2021). *Manual de la sociología del trabajo y de las relaciones laborales.* Madrid: Delta Publicaciones.

Korpi, W, y Shalev, M. (1979). Strikes, industrial relations and class conflict in capitalist societies. *British Journal of Sociology*, Volume 30, No. 2, June, pp. 164-187.

Lehmbruch, G. (1974). Consociational Democracy, Class Conflict, and the New Corporatism" Paper presented at the Round Table "Political Integration.

International Political Science Association", Jerusalem, Sept. 9-13, 1974. Reprinted in: Schmitter y Lehmbruch (eds.) (1979): *Trends toward corporatist intermediation.* Sage: London, pp. 53-61.

Luque Balbona, David (2010). *Las huelgas en España: Intensidad, formas y determinantes.* Universidad de Oviedo.

Martín Artiles, A. (2003). *Teoría clásica de las relaciones laborales*, UOC.

Marx, K. (1946[1867]). *El Capital. Crítica de la Economía Política.* Tomo I, Volumen I, México DF: Fondo de Cultura Económica.

Miguélez, F. (2004). Presente y futuro del sindicalismo en España, en Beneyto, P.J. (ed.), *Afiliación sindical en Europa,* Valencia: Germanía, pp. 85-87

Montes Cató, J. (2007). Reflexiones teóricas en torno al estudio del conflicto laboral. Los procesos de construcción social de la resistencia», *Trabajo y Sociedad*, 9: 1- 25.

Offe, C. (1992). *La gestión política.* Madrid: Ministerio de Trabajo y Seguridad Social.

Offe, C. y Wiesenthal, H. (1992[1980]). Dos lógicas de acción colectiva, en Offe (1992): *La gestión política*, Madrid: Ministerio de Trabajo y Seguridad Social, pp. 47-112.

Panitch, L. (1980). Recent theorizations of corporatism: reflections on a growth industry. *British Journal of Sociology*, 31 (2): 159-187.

Poole, M. (1991[1981]). *Teorías del sindicalisme.* Madrid: Ministerio de Trabajo y Seguridad Social.

Rodríguez-Caballero, J.C. (2003). *La Economía laboral en el periodo clásico de la historia del pensamiento económic*o. Valladolid: Universidad de Valladolid.

Rokkan, Stein (1966). Norway: numerical democracy and corporate pluralism, en Dahl (Ed): *Political oppositions in western democracies*, New Haven and London: Yale University Press, 70-115.

Ross, A.M. y Hartman, P.T. (1960). *Changing Patterns of Industrial Conflict.* New York: John Wiley & Sons.

Salamon, M. (1998). *Industrial Relations: Theory and Practice,* Londres: Prentice Hall Europe.

Schmitter, P. C. (1982). Reflections on where the theory of corporatism has gone and where the praxis of neo-corporatism may be going, en Lehmbruch y Schmitter (eds.): *Patterns of Corporatist Policy-Making.* London: Sage, 259-90.

Schmitter, P. C. (1985[1985]). Neocorporatismo y Estado. *Revista Española de Investigaciones Sociológicas,* n, 31, pp. 47-78

Tilly, C (1978). *From mobilization to revolution*, Reading: Addison-Wesley.